大学生体能训练理论与方法

王英英　马崎闰　卢宁瑞　著

吉林人民出版社

图书在版编目(CIP)数据

大学生体能训练理论与方法 / 王英英，马崎闰，卢宁瑞著. —长春：吉林人民出版社，2023.11

ISBN 978-7-206-20726-6

Ⅰ.①大… Ⅱ.①王… ②马… ③卢… Ⅲ.①大学生－体能－身体训练－研究 Ⅳ.①G808.14

中国国家版本馆 CIP 数据核字(2023)第 246828 号

大学生体能训练理论与方法

DAXUESHENG TINENG XUNLIAN LILUN YU FANGFA

著　　者：王英英　马崎闰　卢宁瑞

责任编辑：金　鑫

出版发行：吉林人民出版社(长春市人民大街 7548 号　邮政编码：130022)

印　　刷：吉林省海德堡印务有限公司

开　　本：787mm×1092mm　　　1/16

印　　张：10　　　　　　字　　数：138 千字

标准书号：ISBN 978-7-206-20726-6

版　　次：2024 年 4 月第 1 版　　　印　　次：2024 年 4 月第 1 次印刷

定　　价：58.00 元

前　言

　　随着经济社会的发展，大学生的生活质量和水平都有所提高，作为高校体育教学活动执行者的体育教师，更应提高对大学生体能训练的重视程度，创新大学生的体能训练方式，进而提高大学生的身体素质。良好的体能是大学生进行各种体育课程学习的基础，体能训练也是很多体育运动项目开展的基础和前提，故体能素质必将影响大学生掌握体育技能的效果，并对体育教学课程的质量产生一定的影响。因此，新形势下，高校必须提高对大学生体能训练的重视程度，并考虑提高体能训练在体育教学活动中的比重，这样既可以丰富高校体育教学课程体系，又符合新课改背景下高校体育教学发展的实际要求。

　　大学生作为祖国的未来和民族的希望，肩负着振兴中华的历史重任，大学生体能状况如何，直接关系到民族昌盛的百年大计，所以，大学生具备良好的身体素质非常重要。作为高校体育教学工作者，应先提高对大学生体能训练的重视程度，同时又要对体能训练有一个充分的认识，从而在体育教学中有效开展体能训练，切实提升大学生的身体素质。提高大学生的体能需要学校和社会各方的共同努力，各大高校要积极引导学生养成良好的生活习惯和健康的运动理念，以此提高大学生的身体素质。

　　在本书中，笔者努力展现了自己对于大学生体能训练理论与方法的深入思考和研究，希望通过书中的文字，能够带给读者朋友新的见解、启示和感悟。撰写本书的过程中，笔者深刻体会到了知识的无穷力量和文字的魅力。笔者将自己的思想和经验融入其中，以期能够为读者提供有益的信息和深入的思考。最后，笔者真诚地希望这本书能够成为广大读者心灵的伴侣，给予大家启迪和帮助。

目　录

第一章　大学生体能训练探索

第一节　大学生体育运动训练

一、现代运动训练的基础

(一) 现代运动训练概述

现代运动训练的理论是在运动训练学理论的基础上发展、突破和提高的，现代运动训练采用的是科学的训练方法，运用先进的指导理论和科技成果，以提高学生成绩为目的，以取得最佳的训练效果而专门组织实施的一个系统工程。这个系统工程包括了学生的科学选材、科学训练及比赛和科学管理，所有这些共同组成了现代运动训练的全过程。

1. 广泛运用现代科技知识成果

科学技术是人类几千年来文明智慧发展的结晶，是人类认识世界和改造世界的有力武器。现代科技的进步为体育事业高速发展提供了客观条件，各个学科中高新技术成果涌现速度越来越快，推动着体育科学超前发展。随着各种新兴学科的横向联系与交互渗透，出现了越来越多的综合性的交叉学科和边缘学科，体育科学逐渐发展成一门新兴的综合交叉学科，形成了多学科综合利用的完整的体育学科体系。

2. 采用先进的理论和训练方法

现代科学技术的发展及其在运动训练进程中的运用为大学生运动训练方法的创新发展提供了更有利的条件，各种行之有效的先进的训练方法也会不断涌现。教师不但要掌握已有的训练方法，还要不断学习、钻研，创新更先进的训练方法，提高自身训练水平，大胆探索新的训练理论，创新训练模式。

3.取得最佳的训练效果，创造专项最高的运动成绩

随着现代运动技术水平的提高，对运动训练也提出了更高的要求。大学生在学习掌握高难度的技术动作，连续完成一个阶段的高强度训练时，有的训练课的效果是最佳的，有的训练课的效果并不十分明显，这是完全正常的。重要的是要在一个阶段的训练周期结束后取得最理想的训练效果，以保证训练水平及竞技能力不断提高。例如，经过一个阶段的训练，大学生顺利地完成了这个阶段的大运动量训练，完全熟练掌握了新的技术，并且身体各器官机能状态良好，机能水平有所提高，集体项目中全队的技战术配合水平也达到了默契熟练的程度等。

现代运动训练中，教师和学生训练的最高目标是创造所从事的专项运动的最高成绩。最高成绩是无止境的，即使对已经取得世界冠军、打破或保持世界纪录的优秀学生来说，也要向新的训练目标奋斗，向新的纪录发起挑战，攀登新的世界高峰，做到"更高、更快、更强"。

4.现代运动训练是一个系统工程

现代运动训练包括学生选材、训练比赛、管理几大方面，这些方面决定了它是一个系统的工程，要创造专项运动的最高成绩，需要专门组成一个由多学科人才参加的综合教练辅助机构。需要做好的工作具体包括：第一，研究运动训练的先进理论、先进的运动技术战术、训练方法，并提出可行性方案。第二，了解该项运动训练的科研信息，做好情报工作，为教师提供更多的信息，掌握该项运动的技术发展趋势，竞赛规则的修改等。第三，研究运动训练的科学规律。在训练过程中定期给大学生做各种测试并及时提供各种准确的监测数据和反馈信息，参与教师训练过程中的调控，用现代化的手段进行学生技术动作的分析，并提出改进动作的方案，设计新的技术和战术。第四，帮助大学生树立良好的训练及比赛的心理状态，使其具备在比赛中独立作战和随机应变的能力。第五，为教师和大学生研制更多的科学训练辅助器材、设备和仪器等，创造更好的科学化训练条件。

(二) 影响现代运动训练的因素

1. 学生因素

学生方面的因素主要涉及身体素质、身体条件、心理能力以及运动智能几个方面。

(1) 身体素质

学生的身体素质是其从事运动训练的基本运动能力，是从事竞技运动的基础。通常情况下，学生的体能发挥水平主要取决于其身体形态、身体机能、运动素质等方面的状况。学生的运动能力对身体素质的潜力发挥具有重要作用，不同的竞技体育运动对学生的身体发展具有不同的要求，这在选材中表现得十分明显。

(2) 身体条件

身体条件是学生训练的基础之一，对学生的训练有重要的影响。一般来说，身体条件主要取决于生理特点、身体健康状况、身体形态以及伤病情况等方面。

(3) 心理能力

学生的心理能力是其与训练竞赛有关的个性心理特征以及根据训练和竞赛的需要把握和调整心理活动的能力。学生的心理能力在运动训练中起着重要的作用。一般来说，良好的心理能力能够有效地提高运动训练的效果，而良好的心理能力的表现包括：第一，稳定的心理状态；第二，自信心；第三，心理调控能力。

(4) 运动智能

运动智能是学生总体竞技能力的重要组成部分，包括体育运动在内的多学科知识与运动训练和运动比赛的能力。运动智能是在一般智能的基础上形成的。较高的运动智能对于学生更深刻地把握专项竞技特点和规律、认识和体验训练理论与训练方法、理解先进的运动技术、掌握运动技巧可以起到一定的促进作用。

2. 教师因素

教师方面的因素主要涉及道德情操、知识、素质和条件等方面，这些方面会对训练过程和训练结果产生直接影响。

3. 训练因素

(1) 训练理论指导

训练方面的因素主要涉及两个方面，一个是训练理论指导，另一个是训练的系统性安排。当前，科技发展速度非常快，在这个快节奏的社会中，体育运动的每个项目的发展都需要有关该项目的科学理论研究做基础。不管是何种体育运动项目，只有进行科学的训练才有利于在比赛中取得良好的成绩。

(2) 训练的系统性安排

保证在竞赛中取得良好的成绩是学生训练的主要目的。因此，进行运动训练的系统性安排是非常重要的，这对于培养我国学生的高水平具有重要意义。

4. 社会因素

对运动训练的发展产生影响的社会因素主要包括两点：一个是领导的重视程度，另一个是场地设备。领导的重视程度往往会在一定程度上对一个运动项目开展的效果起到决定性作用。领导作为决策者，如果能够积极听取教师和学生的建议和意见，并积极地组织有关部门参与训练与比赛工作，采取有效的措施解决训练与比赛中遇到的各种难题，就会对运动的开展和普及起到促进作用。场地设备既是运动训练的客观物质条件，又是影响运动训练的客观因素之一。一般来说，好的场地设备能够最大限度地保证学生不受客观条件的干扰，有利于学生以最好的状态投入训练。

二、现代运动训练的原则和手段

(一) 现代运动训练的原则与理念

1. 现代运动训练的原则

(1) 自觉的积极性原则

自觉的积极性原则是指从不断激励学生训练动机的角度组织训练过

程的训练原则。学生从开始参加训练到取得优异运动成绩以及保持成绩并继续提高,这中间都应系统地、不间断地进行训练,这个原则是依据条件反射确定的,暂时性神经联系建立得越多,越巩固,就越能使动作技能发挥积极的转移作用。

此项原则是从一般教学和体育教学中引入运动训练过程的一项原则,是指在运动训练过程中,促使学生深刻认识参加的目的,自觉、积极地进行训练,独立思考,创造性地完成训练任务。自觉是对认识、思想的要求,积极是对行动、实践的要求,自觉是积极的前提,积极是自觉的外在表现。积极行动的程度取决于认识上的自觉性和认识水平的高低。学生要深刻认识参加训练的目的,提高参加训练的自觉性,激发行动的主动性,调动刻苦训练的积极性,以便能动性地、创造性地取得优异的运动成绩。

在训练的全过程中,一个运动项目的知识、技术和战术都有其自身的系统,学习时要由简到繁,由浅到深地逐步发展,还需要有关的基本技能和素质的配合。由于学生是训练的主体,并负责竞技运动的具体操作,因此,必须创造条件使其参与运动训练工作的设计与实施,尤其是训练规划的制定、训练结果的评定,以激发和增强其训练责任心。针对高水平学生,教师可与他们一起研究长期与近期的训练目标,制订训练计划,确定训练任务,以此激发他们的责任感;使其主动积极地投身训练之中。

(2)专项训练深化原则

专项训练深化原则是指不断深化专项内容,组织训练过程的训练原则。专项训练深化原则十分肯定一般训练的意义,更强调专项训练的重要作用。一般训练是指运动训练中采用多种多样的身体练习及训练方法,以提高学生身体系统的机能,全面提高运动素质,改善身体形态,掌握一定的运动技术和理论知识,改善一般心理状态的过程;专项训练是指在运动训练中以专项运动本身的动作或以解剖学、生物力学、生理能量供能为特点进行专项练习,以提高专项运动所需的各器官系统的机能，发展专项运动素质，掌握专项运动技术与战术，理论知识以及改善专项运动所需的心理品质的过程。专项训练深化原则的重点主要反映在训练内容、手段、方法的设计与安排上，并强调训练内容、方法必须符合专项比赛要求。

（3）系统不间断性原则

系统不间断性原则是指系统地、持续地、循序渐进地组织训练过程的训练原则。运动训练是一个多层次、多因素、结构复杂的"人造复合系统"，从纵向看，一个优秀学生的成长过程大体包括四个阶段：基础训练阶段、专项提高阶段、最佳竞技阶段、高水平保持阶段。各个阶段依次相关，有机衔接。从横向看，寓于这一过程的诸多因素互为影响且具有明显的时序性，如训练计划、训练实施、训练监督、训练纠偏等环节。其中，每个环节的内容又具有明显的层次性、系统性，因此，在训练过程中，需要不间断地训练。在训练内容的安排上，须注意内容的层次性。

要坚持全年不间断训练，保证机体取得显著的良性适应变化是取得优异运动成绩的关键。为此，在全年、多年训练中，必须使这一过程的训练课程与训练周期有机地联系起来，使学生在逐渐适应的基础上，不断提高运动水平直至创造优异的成绩。需特别强调的是，在训练过程中要科学地安排活动和恢复时间，以便保证训练的系统性。

（4）周期安排训练原则

周期安排训练原则是指根据运动训练的结构特点，重大赛事的安排规律和竞技状态的呈现特征来组织训练过程的训练原则。这一原则主要强调训练过程的周期性，竞技状态提高的规律性和训练周期确定的计划性。

竞技状态形成规律具有周期性特点。竞技状态的形成须经三个阶段：第一阶段称为获得阶段，此阶段的前期需要促使身体素质、运动技术、心理品质得到发展，后期需要促使这些条件有机结合并形成竞技状态。第二阶段称为相对稳定阶段，此阶段需要促使竞技状态的所有特征全都表现出来并得到巩固，以便创造优异的运动成绩。第三阶段称为暂时消失阶段，这一阶段的竞技状态的特征会出现暂时性消失或紊乱。

从竞技状态形成的三个阶段可以清楚地看出，必须经过一段时间科学而严格的训练，才能形成竞技状态，必须对训练过程进行适当的调整，才能使暂时消失的竞技状态快速恢复；必须经过一段时间再训练，才能在原有的基础上形成更佳的竞技状态。这一规律的形成是由人体生物钟变化和机体机能能力提高及生理机制决定的。学生就是要通过负荷对机体的周期性刺激，使机体得到超量恢复，从而提高机体能力，取得较好的训练成绩。

（5）适宜负荷训练原则

适宜负荷训练原则是指根据学生机能训练的适应规律以及提高学生竞技能力的需要，在训练中给予适量的负荷，取得理想训练效果的训练原则。学生在训练中承受一定的运动负荷后，必然会产生相应的训练效果。因此，合理安排训练负荷意义重大。合理地安排训练负荷主要体现在能够根据训练任务、对象水平，逐步且有节奏地按照人体机能适应规律加大运动负荷。合理地逐步加大负荷是现代竞技运动科学训练的重要发展趋势之一。当然，负荷的递增是在一定生理变化范围内，通过人体适应过程的规律而实现的。

在运动训练的过程中，学生有机体在承受一定的负荷后，就会呈现疲劳（能量消耗）—恢复—超量恢复的能量变化特点。在一定的生理范围内，负荷刺激越大，机体能量消耗越多，疲劳程度就会越严重。负荷解除后，如能利用科学的方式安排一定的休息时间，那么能量物质的恢复就会越快，产生超量恢复的水平就会越高，人体在此基础上所表现出的运动能力也就越强，这就是超量恢复的原理所在。在生理极限范围内，有机体在承受一定负荷的过程中会产生适应性反应，当有机体适应这一负荷后，会出现"机能节省化"和竞技能力提高的现象。

（6）适时恢复训练原则

适时恢复训练原则是指在适时恢复训练过程中，根据不同负荷性质和疲劳产生的机制，及时采取措施延续疲劳产生和消除疲劳，以便提高机体能力的训练原则。该原则强调在学生疲劳达到一定程度时，应依照训练的统一计划，采取有效的恢复措施，及时安排必要的恢复性训练，使学生的机体能力迅速得到充分的恢复和提高。

必须掌握负荷性质与恢复方法之间存在的对应关系。如在有氧耐力训练中，人体因体内大量失去盐分必将导致机体工作能力的下降，如果适当补充含有盐分的饮料并在训练后进行盐水浴，将有助于补充负荷阶段失去的盐分，使机体的内部环境恢复平衡。如在进行无氧耐力训练时，人体会因缺氧和体内乳酸堆积引起机能的下降，如果训练后及时采用深呼吸和适度慢跑等恢复方法，就能改变体内的缺氧现状，较易恢复机体能力。

（7）区别对待训练原则

区别对待训练原则是指在运动训练中要根据学生的个人特点，有针对性的确定训练任务，选择训练方法和手段，合理安排运动负荷的训练原则。这里所指的学生的个人特点包括年龄、性别、形态特点、运动素质、机能水平、技战情况、心理素质及承受负荷刺激的能力等因素。

2.现代运动训练的理念

（1）尊重竞技规律

任何事物的发展都有其内在的规律性特征。一般地，体育运动项目内部的基本矛盾以及体育运动的未来发展趋势受体育运动竞技规律的影响，体育运动竞技规律对促进体育运动不断发展具有积极的作用。

①集体性。集体性规律主要是针对集体性体育运动项目而言的，该类运动比赛既要充分发挥学生个人的才智与力量，又要重视集体的配合。集体性是集体性体育运动项目竞技规律的核心，团队的整体性目的和任务、个人的团队协作精神都可以在运动训练与比赛过程中体现出来。学生只有在运动训练与比赛中将自己融入集体，充分发挥个人在集体中的重要作用，才能更好地为集体做出自己的贡献，提高团队的整体竞赛能力。此外，教师也要采取一定的措施与方法将学生的积极性和主

观能动性充分调动起来，在对团队的战术进行制定的过程中，要考虑整个团队的利益。

②攻守平衡。进攻与防守之间的矛盾是集体性体育竞技运动的主要矛盾之一。进攻的一方与防守的一方是对立统一的关系。在竞技体育运动比赛中，要想取得胜利或保持比赛优势，就要平衡进攻与防守的关系。根据体育竞技运动的发展趋势可知，在比赛中取得胜利不仅需要具备较高的进攻能力，更需要具备较强的防守能力，防守能力在一定程度上反映了学生或整个团队的总体实力。综上所述，在运动训练中，要强化攻守平衡的意识，并加强这一方面的科学训练。

③全面与特长发展。该规律也适合集体性体育竞技运动项目的训练。具体来说，全面的内涵包括两个方面：一方面，整个团队要具备全面的总体实力；另一方面，学生要具备全面的个人技术。特长是指在总体实力与个人技术全面发展的基础上，突出发展学生的优势技术。运动训练发展的基本特征之一就是将学生培养成既具有全面技术能力又具有特长技术能力的运动人才。

在竞技体育运动比赛中，团队整体实力在一定程度上也可以从团队中拥有全面能力与特长能力的学生的数量与质量中反映出来。所以，运动训练过程中，学生要将自身全面能力与特长能力发展的关系处理好，教师也要在全面发展的基础上加强对学生的特长技术进行科学训练，运动训练的辩证统一要求处理好学生全面与特长的关系。

（2）系统控制理念

系统控制即运用系统的观点和原理指导运动训练实践。在某一事物系统中，从全局和微观入手，整体把握全局，协调系统中的各要素，运动训练中要擅长对系统控制理论进行合理有效的利用。运用时要以系统控制的基本理论以及运动的特点为依据，将运动训练系统明确化，接着从训练的实际出发，在训练系统中逐步有序地融入训练方法与内容，然后充分发挥训练系统的作用，全面提高学生的技战术能力、集体协作能力与竞赛能力，从而取得更好的训练和比赛成绩。

①训练系统控制的构成。竞技体育运动比赛中，随着学生技能的不断提高和发展，其对抗性与竞争性越来越强，且最终的比赛结果更加难以预估，这些特点对学生的技战术水平、随机应变的能力以及团队合作意识提出了更高的要求。整体竞争力要以学生个人的技战术水平为基础，集体项目中团队的整体作战能力是决定比赛输赢的关键所在。

②个人训练系统。第一，身体素质训练。技术训练与战术训练要以学生的身体素质为基础，学生进行身体素质训练的过程是有目的、有组织、系统进行的。学生要在运动训练过程中，对各种有效的训练方法加以综合利用，从而促进自身体质、体格、身体各项素质以及基础运动能力的提高。第二，心理素质训练。在训练系统控制中，心理素质训练与身体素质训练同样占据着重要的位置，对学生进行心理素质训练的目的是提高学生的心理素质水平，主要包括学生的动作感觉、时间与空间感、学生训练与比赛的情绪、比赛前的心理训练、比赛过程中的心理训练以及比赛结束后的心理训练。学生的心理素质训练系统是完整有机的整体，科学的心理素质训练有利于提高学生的技战术水平。第三，技术训练。学生在比赛中要采用一些专业性动作进行进攻与防守。比赛中要采用的基本比赛手段就是各种技术，技术在一定程度上集中体现了学生的才智、技能、反应以及心理素质，反映了学生的综合竞技能力。

③团队整体训练系统。第一，战术训练。集体运动项目比赛过程中，队员之间只有通过灵活运用战术，加强配合，才能取得胜利。发挥学生的个人特长技术，制约对手，将比赛的主动权控制在手，从而赢得比赛胜利是战术运用的主要目的。学生的特长技术以及在本队所起的作用能否最大限度地发挥与表现出来是判断战术是否组织好的主要标准。第二，实战能力。学生的技能最终需要经过比赛实践的检验，技能与参赛经验的结合构成了学生的实战能力。在激烈对抗的比赛中，学生对个人技术加以合理运用之后取得良好比赛效果的能力就是所谓的实战能

力。战术意识与战术指导思想是实战能力包含的两个主要子系统。第三，团队协作意识。在集体性运动项目中，学生有了较高的团队协作意识与能力之后，教师与学生之间、学生与学生之间的心理状态是比较融洽与和谐的，教师与学生会形成统一的目标、意识以及价值观等，从而提高团队竞争力与战斗能力。集体性体育比赛是群体之间的竞争，这要求群体内部首先学会合作。

（3）教育性训练理念

现代科学教育理念更加重视学生的综合素质发展与提高。科学的运动训练不仅要重视学生对相关训练技能的掌握，同时在文化的教育和素质的培养方面也不能掉以轻心，并且要对学生反复强调文化教育和素质培养的重要作用，从而使训练与教育和谐发展、相互促进。教育性训练理念从其理论上来讲涉及许多方面。因此，要想更加深入、全面地对教育性训练理念进行阐述，可以将其理论基础分为以下两个方面。

①重视学生的健康成长。优秀的学生必须是各方面综合素质都很高的学生，而学生自身的文化教育水平在很大程度上会影响其综合素质的提高和对运动技能的理解、学习、应用、创新，因此，要关注学生综合素质的发展。

运动训练涵盖在社会活动范围内，其能够顺利进行通常依赖运动训练参与者（包括教师和学生）的密切配合，才能最终实现，达到目的。从这一点可以了解到，教师和学生这两个运动训练中的主体的知识水平决定着竞技运动的发展。

②重视学生运动技能的发展。学生运动技能的发展在很大程度上与其自身的文化素质教育水平有关。现代体育运动的较量往往取决于学生的体能、技能、心智能力等几大因素。在某些条件下，心智能力要比体能、技能更加重要，尤其随着学生年龄的增长，这方面表现得更为明显。一般情况下，具有较高运动智能的学生，之所以能够大幅提高整体的竞技能力，除了其能够较为深刻地把握运动的特点和规律外，还与其

能够更准确地认识运动训练的理论和方法密不可分。

（4）实践性训练理念

学生本身具有双重性，他们是技术的主体的同时又是技术的客体。以技术的物质手段作为客体，与作为主体的主观精神因素是统一的。实践性训练理念的理论基础是多方面的，为了能够更加全面、深入地了解技术性训练理念，可将其理论基础分为两个方面，这两个方面同时也是对学生的基本要求。

①训练要与客观规律相符。简言之，就是求真。所谓求真，就是在运动训练的过程中，要以运动的本质特点和规律为主要依据，对训练进行科学指导，力争做到结合实际，并且与事物的客观规律相符合。具体来说，学生的技术应用应符合运动规律和项目的本质特征及规律。

②训练要从实际出发。客观环境、条件是影响运动训练效果的重要因素。在现代运动训练中，一切都要以符合实战为主，从实际出发和结合实战是训练最有效的方法。要想取得理想的比赛成绩，一定要做到积极进行训练，并且训练尽可能与比赛相协调，最大限度地将比赛当中可能用到的技能练习到位。

（5）人文操作性训练理念

人文操作性理念强调关注学生的尊严与独立性，关注学生的思想与道德，关注学生的权利，关注学生生存状况与前途命运。人文操作性训练理念的理论基础是多方面的，为了能够更加全面、深入地了解教育性训练理念，可以从以下三个方面进行分析。

第一，人的行为的实施在一定程度上受到人的感知或信念体系的指导。从人文主义、感知经验主义的角度来说，人之所以有行为，主要是因为有人的感知或信念体系的指导。

第二，学生运动水平的提高，基础性的要求是与自然规律和价值规律相符合的。运动训练必须符合客观规律是现代运动训练的基本要求。因此，为了取得理想的训练效果，在进行运动训练时，不仅要符合科学规律，还要在追求竞技水平提高的过程中符合学生正常的价值规律，并体现人文特征，实现科学性与人文特征的结合、统一，从而促进学生身心健康的全面发展。

第三，人的主体性是人文的重点，这也使得人与技术的关系得到了进一步的明确。人是"技术"的实施者，这就明确了人的主体性以及人与技术的关系。运动训练的过程就是教育的过程，教育重视的是发展的内在动力，行动力是由内在动力引导而来的。在运动训练中强调人文操作，能够实现公平竞争，弘扬体育精神，建立科学运动观和体育观。

（6）与时俱进

随着现代科学技术的进步，运动训练从理论到实践不断推陈出新，日新月异。改变传统经验的训练模式已经受到了社会各界的重视，借助新的科学理论（如系统论、控制论、信息论等），新的模式的训练实践正在不断被尝试和创新。

随着竞技体育运动的发展和科学技术的不断进步以及人们认知水平的提升，运动训练正在向着多样化的方向发展，训练方法的日益多样化得益于教师和学生在运动训练方面积累的丰富的经验，并且他们总结了多种多样的训练理论、训练方法、训练模式来指导训练过程。

因此，运动训练要在科学理念指导下，不断进行创新和突破，只有与时俱进，才能进一步推动运动训练的科学化发展。

（二）现代运动训练的手段

1.周期性单一练习手段

周期性重复进行单一结构动作的身体练习就是周期性单一练习手段。周期性单一练习手段的练习动作相对简单，动作环节相对较少，对于大学生来说，是比较容易学习、掌握并强化的训练。周期性单一练习手段又可分为局部周期性练习和全身周期性练习。身体某部位处于周期性运动状态特点的练习是局部周期性练习；全身各部位处于周期性运动状态特点的练习是全身周期性练习。

2.混合性多元练习手段

混合性多元练习手段是指将几种单一结构的动作混合进行的身体练

习。该类练习动作相对复杂、动作环节相对较多，因此，对学生复杂动作的神经联系的形成，技能储备量的提高，复杂技术动作的学习与掌握都非常有利。该类练习动作在练习的整个过程中以非周期性的方式出现，因此，对学生的协调性素质和时空感知能力以及整个运动能力的提高非常有利。

3.固定组合练习手段

将多种练习手段以固定形式组合的身体练习称之为固定组合练习手段。运用该练习较易学习、掌握、巩固和应用成套的固定组合的练习动作，使练习动作娴熟化；较易获得与技术动作相匹配的运动技能和运动节奏，进而有利于提高运动能力；较易形成复杂动作的暂时性神经联系、提高技能的储备量，学习、掌握较为复杂的技术动作；较易获得运动的协调性和时空感知能力。

4.变异组合练习手段

变异组合练习手段是指在多元动作结构下，将多种练习手段以变异形式组合进行的身体练习。通过各种变异组合的练习，运动过程的应变能力可以得到有效提高；复杂状态的预见能力、各种运动战术的应用能力可以得到提高；与运动技术、运动战术相匹配的运动机能能力可以得到提高；信号刺激的复杂反应能力可以得到提高，技能的储备量和较为复杂的技术动作的掌握程度可以得到提高；运动的灵敏性素质和时空感知能力也可以得到有效提高。

第二节　体能训练的概述

一、体能的概念

体能包含的内容包括：经过先天遗传和后天身体训练获得；各项运动素质。我国的体育科学实践对体能的定义包括：体能是指机体在先天遗传的基础上，通过后天训练获得的在形态结构、功能和调节方面及其在物质能量的贮存与转移方面所具有的潜在能力以及与外界环境相结合所表现出来的综合运动能力。

二、体能训练的概念

体能训练是运动训练的重要组成部分，是结合专项训练需要并通过合理负荷的动作练习改善大学生身体形态，提高大学生机体各系统的机能，充分发展运动素质，促进运动成绩提高的过程。它是技术训练和战术训练的基础，并对掌握专项技术、战术，承担大负荷的训练和激烈的比赛，促进大学生身体健康，防止伤病及延长运动寿命等具有极为重要的意义。

（一）体能训练的内容和分类

1.体能训练的内容

体能训练涉及身体形态、身体机能、运动素质、健康等诸多因素。身体形态指人体的内外部形状。身体机能是指机体各器官系统的功能，是身体活动能力的基础。运动素质是机体在中枢神经系统的控制下，在运动时所表现出来的各种基本运动能力，通常包括力量、速度、耐力、柔韧度、灵敏度等。此外，健康（指人在身体、心理及社会适应方面的良好状态）的身体是大学生参加体育训练活动的必要条件。

2.体能训练的分类

体能训练分为一般体能训练和专项体能训练。

一般体能训练是指为增进大学生的身体健康，提高系统各项机能，全面发展运动素质，改善身体形态，采用多种体能练习手段掌握的运动技术、技能和知识，为专项成绩提高打好基础的训练。

专项体能训练是指采用直接提高专项素质的练习以及与专项有紧密联系的专业性体能练习，最大限度地发展对专项成绩有直接关系的专项运动素质，以保证掌握专项技术和战术，从而创造优异成绩的训练。

（二）体能训练的任务

体能训练的任务主要体现在五个方面：第一，根据专项运动的需要改善身体形态结构。第二，全面提高大学生机体各系统的生理机能，对于一般人群也可以提高其机体各系统的功能和适应能力。机体的生理机能是运动能力的基础，任何一项运动能力都是由若干个系统的机能所决定的，如力量的大小不仅取决于肌纤维的收缩能力，还取决于神经系统的协调能力，因此，体能训练要全面提高大学生机体各系统的生理机能。第三，充分发展身体素质。身体素质是技术、战术的基础。一般人群可以据自身的身体适应能力，适当降低运动负荷和强度，从而有利于机体的健康发展。第四，提高对环境变化的适应能力。第五，提高人体在比赛、工作、生活中处理对心理障碍的挑战、调试与控制的综合能力。

（三）体能训练的基本原则

1.训练前进行诊断原则

开始训练课之前，必须先找医生做一下身体检查，对自己身体的初始状况有个基本的了解，以便更科学地安排训练的时间和负荷。

2.体能训练的计划性和系统性原则

为了提高大学生的体能训练水平，必须按计划系统地进行全年和多年体能训练。体能和运动素质是在长期的重复练习中逐渐发展和提高的。现代运动训练的一个突出特点是越来越重视多年训练的计划性和系统性，并以年周期性训练为基本结构，合理安排各阶段的训练任务、训练内容和运动负荷。因此，要不断地改变训练手段和提高训练负荷的强度，形成逐年提高的系统训练规划。

3.适时恢复原则

从运动训练学上讲，适时恢复的原则即及时缓解大学生在训练中所产生的疲劳，并通过生物适应过程产生超量恢复，从而提高机体能力的训练原则。在具体的实施过程中，准确地判断疲劳程度是适时恢复的重要前提。大学生疲劳程度的判别，通常可以根据自我感觉和外部观察来进行。当出现疲劳时，应积极采取加速机体恢复的适宜措施，如变换训练内容和训练环境，还可以运用一些医学和营养学的恢复手段，从而起到最佳的恢复效果。

第三节　体能训练的价值

价值是指事物本身的属性、用途或积极作用。体能训练的价值集中体现在以下几个方面。

一、促进身体健康

健康是大学生进行运动训练的必要条件，良好的健康状况是系统训练的根本保证。体能训练能够有效地提高大学生内脏器官特别是心血管系统、呼吸系统机能状况，增强骨骼、肌肉、肌腱和韧带等运动器官功能，并使中枢神经系统机能得到明显改善。同时，对于克服人体惰性，促进新陈代谢都具有极为重要的作用。

二、保证机体适应大负荷训练的需要

现代竞技运动比赛频繁，竞争激烈，大学生要在重大比赛中夺得胜利，创造优异的成绩，只有通过大负荷的运动训练，长期对机体进行强化锻炼，掌握娴熟的专项技术、战术才能达到训练的目的。科学训练阶段的一个重要特点是在运动训练中广泛运用现代科技成果，科学、系统地监测训练过程，并在此基础上保证大负荷训练。大负荷训练要求大学生必须具有强健的体魄和良好的身体机能，通过体能训练能够使大学生在不断加大负荷的情况下，承担训练和比赛对机体的一切要求。

三、有利于掌握复杂、先进的技术

体能训练实际上是使大学生机体各器官系统功能协调发展，具有从事专项竞技运动能力的过程。不同的运动项目对机体的运动能力有不同的要求，只有在充分发展各项运动素质的基础上，才能更好地掌握复杂、先进的技术，而体能训练正是实现这一目的的基本保证。

四、创造优异成绩，延长运动寿命

竞技能力是取得优异成绩的主导因素，是由身体形态、身体机能、运动素质、技术、战术、心理和智力因素所决定的，这七个因素可近似地概括为体能、技能和心理能力。而体能是由大学生的身体形态、身体机能和运动素质表现出来的，这一特点决定了它是竞技能力的物质基础。

竞技运动实践已经充分证明，出类拔萃的运动成绩是建立在雄厚的运动素质发展水平和机体形态的改变、机能水平的高度发展基础上的。体能训练对身体形态改变越深刻，机体机能发展水平越高，其衰退速度越慢，保持时间越长，这样专项技术、战术发挥和保持的时间相应也会更长，运动水平衰退速度也就更慢，大学生就能更长久地保持高水平的竞技运动能力。

第二章 大学生体能训练的基础理论研究

第一节 体能训练的心理学基础

人们从事任何活动，都要解决两个问题，首先是要不要做，其次是如何去做。第一个问题是动机问题，涉及人们活动的方向和活动的强度。动机问题作为行为的起点和原因，在心理学涉及的所有领域都是十分重要的，体育运动领域也不例外。

一、体能训练的心理机制

人的一切心理活动都是大脑对客观现实的反映。人的心理活动与生理活动都受大脑的控制，只是生理学把大脑的反射活动作为神经过程来研究，而心理学则将反射活动作为意识来研究，实际上心理与生理二者是统一的、互为影响的。

一般来讲，持久或过度的心理作用可导致各种内脏的机能件疾病，严重影响健康；相反，适度地、积极地心理作用可有效地增进人的身体健康。人体进行适度而积极的身体运动，可以有效调节人的情绪体验过程，使人产生积极、健康的心理状态。

人的意识（即心理活动）能主宰人的行为，同时也能影响人体的健康生存。所以，积极投入身体运动，保持良好的心理状态是维持人体健康的重要因素。

二、体能训练与情绪

情绪是指大学生的内心感受周围事物，并以各种特殊体验表达出来。情绪表明大学生对周围现实的各种反应，反应有机体内部的状况，并且在一定时期和一定程度作用于人的意识，影响人的身体健康。人的心情是情绪的总和，人表现出的各种不同情绪，原因是多方面的，如生活条件的好坏，工作的顺利与否，学习的难度大小，周围人群的整体素质，自身健康状况等都可引起不同的情绪。但是情绪反应的生理机制十分复杂，整个神经系统、机体各部位都会参与这种反应。如愤怒和痛苦等情绪感受，总是伴随着心血管系统、肺、消化器官、内分泌腺以及大脑活动的剧烈变化。

从人类的发展来看，情绪是随人类的进化而产生的，是一种防御反应，是有机体对外界刺激物的突然影响或长期影响进行回应的一种机制。

（一）大学生的情绪状态与机体变化

1. 大学生的情绪状态

大学生的情绪状态分为积极情绪和消极情绪两种。

（1）积极情绪

积极情绪是指对大学生的生命活动起良好作用的情绪。积极情绪能为神经系统充填新的力量，更好地发挥机体的潜力；能提高脑力和体力劳动的效率和耐久力；能协调和促进各系统的机能，减少疾病。积极的情绪总是伴随着身体运动的活跃。

（2）消极情绪

消极情绪是指对大学生的生命活动起不良影响的情绪。消极的情绪经常反复出现，对机体很不利，最容易造成神经活动的机能失调，即神经机能病，然后可能转变成各种身体疾病，特别是容易造成心血管疾病。

2.机体变化

无论是积极情绪还是消极情绪，都伴随着不同的机体变化。

（1）内脏器官变化

大学生在发怒或震惊时，呼吸加快而短促，心跳加速，血糖会增加，血液的含氧量也会增加；过度高兴或激动时，会出现心跳加快，血压上升等情况。

（2）腺体的分泌变化

大学生在焦虑和忧郁时，会抑制胃肠蠕动和消化液的分泌，盛怒和激动时，各种消化腺会分泌很少的消化液，食欲减弱；紧张或害怕时，肾上腺分泌加强，会导致血糖和血压上升。

（3）面部表情和肌肉与姿态的变化

大学生的许多消极情绪的过度表现都会出现面色苍白，动作软弱无力或肌肉紧张发抖，动作僵硬，姿态反常，额头冒汗等。如悲哀时，眼、嘴下垂；愤怒时，眼、嘴张大，毛发竖起；盛怒时，胸部挺起，横眉张目，紧握拳头；困窘和羞愧时，常面红耳赤；突然震惊时，脸色苍白等。

（二）情绪与身体运动

一般来讲，大学生参加某种体能训练都是在一种积极的情绪状态下进行的。但在人体运动过程中，有时积极的情绪状态又可转化为消极的情绪状态，显然消极的情绪状态是不利于运动与健康的。所以，身体在进行运动过程中，情绪的调节与控制是不可忽视的因素。

只要以增进健康、满足娱乐兴趣为目的的身体运动，最初都是在一种十分积极的情绪状态下进行的，如运动的热情高、协作精神强等，从而使得人在身体运动过程中肌肉的灵敏度高，协调性好，思维敏捷，动作有力，运动时间较长，能量消耗大，并且不易受伤。

三、体能训练的动机问题

人类的需要是分层次的，由低到高分别是自我实现（道德、创造力、解决问题能力、自觉性等）、尊重需求（自尊、信心、成就、对他人尊重、被他人尊重)、社交需求（友情、爱情、亲情）、安全需求（人身安全、健康安全、家庭安全、财产安全）、生理需求（呼吸、水、食物、睡眠、生理平衡、分泌）。体能训练是建立在生理需要被满足之后的更高层次的需要。

（一）生理的需要

生理上的需要是人们最原始、最基本的需要，如吃饭、穿衣、住宅、医疗等，它是最强烈的不可避免的最底层需要，也是推动大学生行动的强大动力。

（二）安全的需要

安全的需要要求劳动安全、职业安全、生活稳定、希望免于灾难、希望未来有保障等。安全需要比生理需要高一级，当生理需要得到满足以后就要保障这种需要。每一个生活在现实中的人，都会产生安全感、自由以及防御的实力的欲望。

（三）社交的需要

社交的需要也叫归属与爱的需要，是指大学生渴望得到家庭、团体、朋友、同事的关怀、爱护与理解，是对友情、信任、温暖、爱情的需要。社交的需要比生理和安全需要更细微、更难捉摸。它与大学生性格、经历、生活区域、生活习惯等都有关系，这种需要是难以察悟、无法度量的。

（四）自我实现的需要

自我实现的需要是最高等级的需要。满足这种需要就要求完成与自己能力相称的工作，最充分地发挥自己的潜在能力，这是一种创造的需要。有自我实现需要的人，似乎在竭尽所能，使自己趋于完美。自我实现意味着充分地、活跃地、忘我地、全神贯注地体验生活。

第二节 体能训练的生理学基础

一、工作适应过程

由运动开始到发挥大学生工作能力的过程称为工作适应过程，这个过程不仅在身体运动中如此，而且脑力劳动也是如此，是人体活动的规律之一。

（一）工作适应过程的生理机制

大学生在日常生活、生产劳动、脑力劳动和体育锻炼时，其机能能力和工作效率不可能在一开始就达到最高水平，只有在所从事的活动开始后一段时间逐步提高到最佳状态。

1. 反射活动

大学生参与的一切活动都是反射活动。从人体解剖生理特点来看，完成任何一项反射活动都要经过反射弧，这是需要一定时间的。完成的某种动作或活动越复杂，在有关的中枢之间传递、整合和处理信息所需要的时间就越长。这种反射活动的生理惰性是固有的，但通过科学的体育锻炼可以提高反射机能，缩短反射过程的时间。

2. 内脏器官的生理惰性

运动器官（主要指肌肉）与内脏器官机能的惰性差别是产生工作适应过程的一个重要因素。因为运动器官受交感神经（躯体性神经）的控制，传导速度快，反应迅速，惰性时间短。而内脏器官受植物性神经的控制，传导兴奋时转换中枢多，所需时间长，在运动中必将造成内脏器官向运动器官供血和供氧等营养物质跟不上，导致一开始无法发挥最高水平，所以必须经过长期坚持体育运动大学生才可以提高植物性神经的反应速度，尽快克服这种生理惰性。

3. 调节机能的惰性

运动器官主要是通过神经进行调节，其速度和频率都很快；内脏器官主要是通过神经体液调节，其速度和频率都较慢。内脏大多数是通过调动内分泌腺分泌激素促进活动，所以调节机能的惰性差别更是显著。例如，不做准备活动跑 1500 米时，呼吸和循环系统等要在跑步后 2～3 分钟方可达到最高机能水平；而运动器官特别是肌肉在 20～30 秒钟内就可达到最高机能水平。

（二）影响工作适应过程的因素

工作适应过程时间的长短，取决于工作的性质和个人特点。肌肉所进行的活动越复杂，工作适应过程的时间越长；身体运动程度差的人比程度高的人工作适应过程的时间长；随着运动时间的延长和水平的提高，工作适应过程的时间会缩短；参加体育锻炼和竞赛前，做好充分的准备活动，可以缩短工作适应过程。

（三）"极点"和"第二次呼吸"

1."极点"

大学生在进行长时间剧烈运动时，有一段时间会出现呼吸紧迫、胸部发闷动作迟缓、情绪低落，不想继续运动下去，这种状态叫"极点"。"极点"产生的原因主要是内脏器官的机能活动惰性大，跟不上骨骼肌活动的供能需要，造成氧供应不足，大量乳酸等代谢物质堆积在血液中，这些化学物质的刺激引起呼吸循环等系统的机能活动失调（如呼吸、心跳急速加快，血压升高等），中枢抑制过程占优势，这样就形成了"极点"现象。"极点"出现后，要坚持运动，适当降低运动强度，根据动作特点和节奏，尽量多做深呼吸，这样可以逐步克服内脏器官的惰性，消除"极点"症状。另外，运动前做好充分的准备活动，可以减轻"极点"的症状。

2."第二次呼吸"

大学生在克服"极点"的过程中，机体可以产生一系列变化，即植物性中枢的机能逐步适应，惰性得到克服；内脏器官的活动加强，氧供增加；乳酸得到氧化，出汗可以排泄乳酸，血液乳酸含量减少；运动器官对氧的需求量暂时减少；这时运动性机能与植物性机能之间获得统一，动力定型恢复，协调性改善，就出现了"第二次呼吸"状态。这些呼吸均匀，动作轻快，说明工作适应过程已结束，人体机能活动进入稳定状态。

二、稳定状态

大学生参加体育运动的工作适应过程结束时，各种生理惰性得到克服，各器官系统的机能在一段时间内稳定在一定的水平称为稳定期（即稳定状态）。

（一）真稳定状态

大学生在进行体育运动过程中，每分需氧量等于或小于每分最大吸氧量称为真稳定状态。其特点是人体每分吸氧量可以满足运动时的需氧量，使身体进行有氧代谢供能，没有或很少有乳酸的产生和氧债的积累，身体各器官系统的机能水平高，能量供应充足。运动持续时间较长，运动水平越高，真稳定状态的时间越长，运动成绩越好。

（二）假稳定状态

大学生在身体运动过程中，每分需氧量大于每分最大吸氧量，负氧债并且稳定在一定时间内进行无氧代谢运动称为假稳定状态。特点是每分吸氧量达到了极限水平，但不能满足氧需量。所以，经常从事这种无氧代谢的"假稳定状态"锻炼活动，可以很有效地提高大学生各器官系统的机能能力。

三、疲劳和疲劳的消除

（一）疲劳的生理学依据

大学生工作或运动到一定的时候引起各器官系统机能能力暂时下降的现象称为疲劳。大学生疲劳的产生是一种生理现象，也一定是有其生理学依据的。疲劳是人体的一种综合性生理过程。疲劳是以中枢神经为主导，在与周围组织相互影响下发生的，与神经细胞的变化有关，也与周围组织的反射性和体液性影响有关。产生疲劳时的特点是机体变化带有全身性，机体内环境和各种生理机能失调。疲劳是一种保护性反应，这种反应可与机体生命有关的机能免于过度衰竭。另外，疲劳与人的主观因素、情绪等精神因素有关。

（二）消除疲劳的方法

1. 保证有足够的睡眠时间

睡眠时中枢神经系统特别是大脑皮层的抑制过程占优势，能量物质的合成也占优势，体内一切代谢产物得到重新利用，各器官系统的机能得到恢复。

2. 积极性休息

积极性休息是指采取另外的轻微活动方式来消除疲劳。如下肢运动疲劳，可以穿插一些上肢活动调节，即一个中枢兴奋，促使另一个中枢更好地恢复。

3.补充各种营养

补充各种营养包括补充蛋白质、糖、维生素和无机盐等。

4.心理与气功放松

心理与气功放松包括自我暗示身体放松和谈心、说笑话、听相声以及一些放松气功。

5.按摩和热水浴

进行按摩和热水浴也是目前既经济又有效的一种消除疲劳的手段。

6. 加强体育锻炼，运动前做好准备活动

加强体育锻炼，并且在运动前做好准备活动，能够充分提高大学生的抗疲劳能力。

四、准备活动的生理意义

准备活动是指大学生在训练、比赛、体育课和体育锻炼之前所进行的各种身体练习活动。

(一) 提高神经系统各中枢的兴奋性

人体从静止转入运动，首先必须使神经系统接受刺激，从抑制转入兴奋。其中，必须有一个像汽车发动预热一样的过程，然后使中枢神经各系统与运动器官建立起适宜的兴奋性和机能活动性，以便身体即将进入剧烈运动而缩短适应过程，更快地提高机能效率。

(二) 克服植物性神经和内脏器官的生理惰性

内脏器官特别是呼吸和心血管系统的机能活动水平，只有通过准备活动的刺激而逐步提高机能活动水平的。一旦内脏的机能活动被激活，就可以满足肌肉及整个身体剧烈运动的氧气、血液等能量物质的充足供应，从而达到运动和创造成绩的目的。

(三) 预防运动伤病的出现

大学生进行体育运动前，其各关节、关节囊、韧带、肌肉和其他有关的器官处于僵硬状态。若进行准备活动，可使关节囊、韧带和肌肉等

松弛，关节囊滑膜层分泌滑液增多，肌肉的弹性和伸展性增加，温度升高，关节灵活，运动幅度加大，柔韧性增加，僵硬状态消除，从而减少或避免肌肉、关节韧带扭伤以及其他相关器官的伤病。

（四）有利于稍除"极点"和提高运动成绩

准备活动是帮助大学生摆脱赛前紧张和消除"极点"的很好手段。由于准备活动持续时间的长短、强度大小、方法的选择等情况不稳定，必须考虑大学生的年龄、性别、训练水平、锻炼层次与内容、比赛项目与规模、季节、地域环境条件和个人的身体特点等因素。

五、超量恢复原理

在体能运动结束之后，大学生的各器官的机能仍处于一个较高的水平，必须经过一段时间之后，才能逐渐恢复到运动前的状态，这段时间的机能变化称为恢复过程。剧烈的运动停止，能量的消耗大幅度下降，这时合成必然超过分解，直至身体彻底恢复。这种不断地大量消耗身体内能量物质，又不断地恢复，特别是形成的超量恢复是大学生进行运动健身的重要生理学依据。

（一）恢复过程的阶段性

1.正在运动时的恢复阶段

大学生运动时的能量消耗过程（分解过程）占优势，恢复过程（合成过程）也在进行，只是由于身体运动时间长，强度大，而消耗能量物质较多，身体各器官系统发挥最大的机能能力参与恢复（再合成），也满足不了消耗的需要，造成消耗多于恢复。体内的能量物质不断减少，身体活动的机能能力下降。

2.运动后的恢复阶段

身体运动停止后能量物质的消耗过程减弱，恢复过程就明显占优势，这时各种能源物质和各器官系统的机能能力逐渐恢复到原来（运动前）的水平。

3.超量恢复阶段

运动实践证明，人体运动后的能量物质和各器官系统的机能能力，在一段时间里可以超过原来的水平，维持一段时间后又回到原来水平。

（二）超量恢复

大学生在运动后的恢复过程中，体内被消耗的能量物质（ATP、蛋白质、糖和无机盐等）不仅能恢复到运动前的原有水平，而且在一段时间内可出现超过原有水平的现象，称为超量恢复。

超量恢复的生理机制十分复杂，在生理学上主要是一种刺激与反应的关系而形成的，在一定的生理范围内，运动强度（刺激）越大，造成能量短缺越严重。而引起相应的反射性能量补充，同时身体其他器官的机能状态也是如此。超量恢复是客观存在的规律，大学生在进行运动健身、训练和比赛过程中，如何正确运用和掌握这个规律是目前正在不断探讨的课题之一。

1. 超量恢复的生理与实践意义

（1）正确运用超量恢复原理，能使身体锻炼、训练的效果更佳

一般来讲，在超量恢复阶段进行下一次锻炼或训练效果最好，运动成绩提高最快。因为在这个阶段体内能量物质最充足，机能水平也高，并可以适当加大运动负荷，形成更高层次的超量恢复。

（2）在一定生理范围内，可以最大限度地提高地人体机能和健康水平

运动负荷是施加于身体的一种综合刺激。根据刺激与反应的生物学原理，在一定的生理范围内，运动负荷越大，人体的机能反应也越大，能量也消耗得越多，引起的超量恢复越明显，锻炼或训练效果就越好。所以，超量恢复是大学生从事大运动负荷（极限负荷）十分重要的生理学依据。

（3）不同性质的身体运动，可以引起不同营养物质和机能的超量恢复

力量性练习主要是促使肌肉中蛋白质的超量恢复，肌纤维增粗，力量增大，速度性练习主要促使肌肉中磷酸的超量恢复，肌纤维的收缩速度加快；耐力性练习主要促使肌糖原的超量恢复，可以提高身体机能的耐久力。上述三种能源物质中，肌肉中的磷酸肌酸出现超量恢复最快。

因此，速度素质有时候提高较快，但消失的速度也最快，肌糖原较磷酸肌酸超量恢复慢；蛋白质的超量恢复出现最慢，但消失的速度也最慢。

2.超量恢复的运用及其注意事项

第一，大学生在进行不同性质的运动时或运动之后，要注意有严格的间歇时间，要在超量恢复阶段进行下一次的运动。有资料证明，人体在跑完 100 米后磷酸肌酸在 2～5 分钟时会出现超量恢复，在进行大负荷耐力练习后，肌糖原在第 15 分钟时会出现超量恢复；力量练习后，蛋白质在第 3～4 天会出现超量恢复；马拉松跑后，脂肪会在第 3～4 天出现超量恢复；大负荷的游泳练习后，整个身体机能在第 5～8 天才会出现超量恢复。

第二，并非无原则的运动负荷越大，超量恢复越明显。无论是哪种性质的身体运动都要在生理"极限"范围内进行大负荷练习，负荷过小，则练习无效果；负荷超生理"极限"，则可能伤害身体，影响健康。生理"极限"要根据个人的特点，做到心中有数。

第三，大学生身体运动后的恢复手段要正确。如果运动后恢复手段不得力，不仅形成不了超量恢复，而且可能形成疲劳积累，出现明显的机能下降，影响锻炼效果和身体健康。

第四，大学生初次参加体育运动，不能急于求成。在这种条件下，应先掌握一些超量恢复的原理和相关知识，另外，在追求超量恢复效果时，要注意循序渐进，从而掌握各种练习技能。

第三节　体能训练与科学的饮食习惯

一、健身运动的营养与补充

（一）营养与合理营养

"营养"在日常生活中经常用到，通常表达的意思有三种：第一种是表示饮食营养的过程；第二种是评价大学生的健康状况；第三种是指食物中的营养成分。随着人们生活水平的提高，营养问题开始受到人们的重视，营养作为一门学科也逐渐发展和完善起来。营养学中的营养指的是机体摄取、消化、吸收和利用食物中的养料以维持生命活动的整个过程。简单地说，营养就是通过饮食或其他方式从外界摄入人体需要的各种营养素。而合理营养就是指对大学生的饮食进行合理安排，使之能够从每日的膳食中获得所需要的各种营养素，而这些营养素不仅在数量上要符合大学生的需要，各种营养素相互之间还应保持合理的比例。

(二) 体能训练锻炼的营养补充

体能训练是以有氧代谢为主，其特点是单位时间内能量消耗不大，但完成总的运动量时机体总能耗较大，机体消耗大量的脂肪和水，脂肪又通过糖的转化而得到补充。因此，在锻炼前后要尽量做到摄入热量和消耗热量的"收支平衡"。因锻炼时间较长，有一定的负荷量，且在音乐的伴奏下练习，大脑皮层处于高度兴奋状态，机体长时间有氧训练，能量消耗较大。因此，应该补充足够的高糖膳食、蛋白质、无机盐等，以消除疲劳、恢复体能。可以说，合理充足的营养是大学生进行体能训练的基本保证。

1. 糖的补充

大学生在体能训练过程中，补液时糖的浓度应在6%左右。运动后补充葡萄糖有利于肌糖原恢复，补充果糖有利于肝糖原恢复，摄取食物应以高糖膳食为宜，含糖量应在45%～65%。膳食中糖的种类主要是淀粉类多糖食物，如全谷类及谷制品、干鲜水果、坚果类、豆类（豌豆、菜豆、扁豆）。

2. 蛋白质的补充

蛋白质是人体必需的三种主要营养素之一，是构成细胞、肌肉、血液、骨及软骨的主要成分，是保证生命活动的重要物质。体内蛋白质大多存在于肌肉中，可刺激肌肉蛋白的合成，引起体重的增多。适当训练能改变大学生身体的营养成分。在运动刚开始时，肌体利用糖氧化分解供能，肌糖原耗尽时需要蛋白质充分供应。另外，蛋白质对增强大学生身体抵抗能力，提高神经系统的兴奋性，加强条件反射活动，降低疲劳程度有良好的作用。膳食中蛋白质含量在10%～35%，长期系统地进行练习后应增加优质蛋白，一般补充总能耗的 10% 左右，根据锻炼强度蛋白质需要量为 1.0～1.8 克/千克体重。动物性蛋白质营养价值较高，并含有人体必需且容易吸收的多种氨基酸，应多吃蛋类、奶类。在植物性蛋白质中，大豆最好，膳食中应该是多种食物混合食用，利用蛋白质的互补作用提高其生理价值。

3. 脂肪的补充

脂肪是人体长时间中低强度运动的主要能源物质。在合理的膳食中，按照百分比计算，脂肪的摄取量占总能量的 20%～35%。在体能训练中，为了瘦身而不吃脂肪类食物，会在运动 60 分钟左右时出现机体无力、头晕等症状。运动后尽量食用不饱和脂肪酸含量高的植物油，如芝麻油、花生油、菜籽油等，脂肪的不饱和脂肪酸/饱和脂肪酸应大于 1。

4. 维生素的补充

维生素是人体正常机能不可缺少的营养素，对于能量代谢、提高肌肉力量、促进蛋白质合成及抗氧化还原反应有重要的作用。健美操锻炼属于有氧代谢运动，因此对维生素 B_1、C、E 需要量较大。长时间进行中等强度运动，人体对维生素 B_1 的需求量应达到 2 毫克，维生素 B_1 的主要功能是在糖代谢中发挥重要的作用，促进糖原生成，保护神经系统功能。充足的维生素 B_1 还可以有效缓解机体疲劳。维生素 B_1 广泛地存在于谷物杂粮中，如小米、黄豆、黑豆、核桃、花生等。维生素 E 能够增强机体力量与耐受力，减少组织细胞耗氧量，扩张血管，改善血液循环，提高心肺功能，增强肌肉力量与有氧耐力。另外，维生素 E 对面部皮肤有保护作用，可减少水中氯元素对面部的损害，主要来自动物性食物、玉米油以及绿叶蔬菜等。维生素 C 主要存在于新鲜蔬菜与水果中，如芥菜、油菜、橄榄菜等。

5. 水和电解质的补充

体能训练中出汗量较大，在运动前、中、后适量补液有利于维持体内环境的稳定，保证正常的体液平衡、体温调节以及电解质的正常代谢。一般来讲，运动前饮用 500 毫升左右液体；运动中以少量多次补水为原则，一次锻炼补水 2～3 次；运动后避免一次性暴饮对身体带来的不好影响。另外，和运动能力密切联系的无机盐有铁、钾、钙、镁、硒等，运动中的出汗失水伴随着失盐，失盐将引起中枢神经机能降低，四肢无力等现象，运动后可补充电解质，每升液体含有 0.5～0.7 克的钠。硒可以清除自由基，具有抗氧化作用，能保护红细胞膜的完整性；铁参与血红蛋白、肌红蛋白和血红素的组成，可防止缺铁性贫血的发生。

二、科学饮食

随着科学的发展，人们对生老病死的规律已逐渐掌握，并且已懂得科学的饮食是人类健康长寿的基础和保证。科学、合理地饮食应当注意以下几个方面。

（一）饮食习惯

一日三餐是人类古已有之的饮食制度，医学科学告诉人们，无规则地进食很容易引起胃病，其中以胃溃疡最为普遍，这就是许多人肠胃功能不好、胃病发病率高的重要原因。因此，注重正常的饮食制度，吃好三餐，对保持身体健康有良好的功效。

（二）三餐的合理安排

我国多数地区的居民习惯一天吃三餐。三餐食物量的分配及间隔时间应与作息时间和劳动状况相匹配，早吃好、午吃饱、晚吃少被视为科学的进食原则。按照我国人民的进餐习惯，一般每日三餐，两餐之间的间隔一般以混合性食物在胃内停留 4 小时～5 小时为依据。

1. 早餐

早餐是极为关键的一餐。从前一天晚餐到第二天早晨，人体因有十几个小时没有进食，供给人体能量的血糖浓度已经降低，需要从早餐食物中获取营养，才能保证血糖水平的稳定。通常上午的工作学习比较紧张，所以早餐应当保证营养充足。早餐要吃糖类，如馒头、面条等食品，还要吃些脂肪和蛋白质，才能保证全天的工作、学习和身体锻炼的需要。主食以奶类、面包、鸡蛋为好，辅以花生、黄豆、核桃仁等含蛋白质较高的健脑食品，并搭配适量蔬菜或水果，食物量应占全天食物量的 30％。

2.午餐

午餐要吃饱，因为它起着承上启下的作用，既要补充上午活动消耗的能量，又要为下午的活动储备能量，使血糖维持在较高水平，保证下午工作和身体锻炼的能量需要，所以午餐不能马虎。午餐最好以米饭、面及其他杂粮为主，副食应当有猪、牛、鸡、鱼等动物肉，并有足够的绿叶蔬菜。午餐的量应为全天食物量的 40％～45％。

3.晚餐

晚餐不必吃得过饱、过油腻，因为晚间的活动量较小，能量消耗不大，食物的消化吸收较慢。晚餐的进食量大约为全天饮食量的 25％～30％。如果偶尔参加晚间活动（体育训练或比赛、晚会等），可在活动结束后少量加餐一些容易消化的点心和饮料，加餐半小时后再睡觉。

4.运动后加餐

如果在训练课和正餐之间的时间较长，在训练课前后可以进行加餐提供能量和保证恢复。如在午餐和下午训练之间间隔时间较长，经常会在训练前的 1 小时补充一些碳水化合物增加能量储备避免饥饿，而在训练后短时间内摄入富含碳水化合物和蛋白质的食物会达到促进能量恢复以及肌肉组织的恢复和生长的目的。通常，在运动后半小时来一顿正餐不太容易实现，那么营养师推荐在运动后服用一次快餐，例如，以碳水化合物和蛋白质配好的饮料，可以达到快速恢复。

第三章 大学生体能训练的
方法与训练原则

第一节 体能训练流行的锻炼方法

一、有氧锻炼法

（一）有氧锻炼法概述

有氧锻炼法是指大学生通过呼吸能够满足运动对氧气的需要，在"不负氧债"的情况下进行健身锻炼的方法。这种锻炼的运动负荷强度适中，运动时间较长，以增强心血管系统和呼吸系统功能为主要目标，是近年来国内较流行的一种锻炼方法。

有氧锻炼的好处是能够提高肺脏的功能；提高心脏的功能；使肌肉和血管的张力改善，使软弱无力的肌肉和血管变得坚韧，有助于降低血压；能增加血流量，使氧输送更为顺利；提高最大耗氧量，增强整个身体特别是心肺、血管等功能，提高抗病力；等等。

在进行有氧锻炼前，要进行身体检查，这是确保大学生锻炼安全的保证。在身体检查合格以后，进行体力测试，以确定大学生的体力程度，为确定有氧活动的时间和距离提供依据。确定大学生的体力水平可采用 12 分钟跑，当然，也可采用 24 分钟跑或定距离跑。通过体力测试，体力水平较高的学生可以直接按照锻炼方案进行锻炼，体力水平较弱的学生，需要进行预备性体育锻炼。

运用有氧健身法的关键是掌握练习强度，这种练习强度既要处在有效健身价值阈以上，又不能超过无氧阈值，以保持无氧的性质。国内较为流行的是用运动时心率控制练习强度，可以用 130 次/分左右，不高于 150 次/分作为控制指标。

（二）有氧锻炼法的注意事项

1. 要根据有氧锻炼的特点选择锻炼项目

有氧锻炼以提高大学生心血管和呼吸系统功能为目的，以有氧耐力水平的提高为标志，其项目特点是长时间小强度匀速运动。因此，在项目选择上，不宜采用肌肉等长运动方式，一般不采用举重、力量体操等张运动，也不主张运用短跑等无氧运动手段。

2. 锻炼要因人而异

每个个体及其在不同的年龄阶段，其心血管和呼吸系统的功能是有差异的，有氧锻炼的强度也应有所不同。为此，首先要通过耐力测验的结果衡量大学生的体力情况，据此制定个人的有氧锻炼方案。

3. 要做好准备活动和整理活动

心血管和呼吸系统从相对安静的状态转入功能较高的运动状态，要有一个准备过程。跑的准备活动应使全脚掌着地，以利于伸展下肢和关节，准备活动的节奏也要由慢到快，逐步达到基本练习的要求。

二、发达肌肉法

发达肌肉法也称体形锻炼法，是指大学生在发展力量素质的同时，以增长肌肉、健美体形为目的所采用的方法。

爱美之心人皆有之。体育运动能够塑造健美的体形，因此发达肌肉法受到大学生的普遍重视，从而构成体育运动的一个重要分支——健美运动。健美运动十分流行，由于大学生个人的条件不同，他们对体形美的性质和要求不尽相同，以发达肌肉为主要方法的健美运动也可分成若干类型，即肌肉发达型、体能型和姿态型。

增大肌肉体积与发展力量素质在锻炼方向上基本一致，这是因为力量素质的发展是以相应的肌肉体积增长为基础的。然而，体形健美不仅仅要求发展力量素质，还要依据匀称、协调和美学要求使各部肌肉达到特定的比例，从而塑造美的体形。发达肌肉的锻炼内容包括：运用体操项目中的中杠、双杠、吊环等器械发展躯干和上肢肌肉。如双杠中的支撑双臂屈伸、双臂支撑摆动屈伸，单杠的引体向上、摆动屈伸上等。运用哑铃、拉力器、杠针、综合练习器等器材，促使身体各部位肌肉协调发展。根据发展部位的需要，可自编各种练习动作量及练习次数的配合。运用克服自身体重的徒手练习，如跳跃、蹲起、俯卧撑、仰卧起坐等。这种练习不受器材及场地限制，简便易行，但发达肌肉的效果，一般不如器械练习明显而迅速。对发达肌肉和健美体形有重大影响的是身体各部分的大肌肉群，主要包括肩部肌群、臂部肌群、胸部肌群、背部肌群、腹部肌群和腿部肌群。这些肌群的体积和线条构成身体的整体外观，是在发达肌肉和体形锻炼中必须重点发展的部位。

三、消遣运动法

消遣运动法是指为了寻求生理和心理上的放松，欢度余暇而进行身体锻炼的方法。这种锻炼方法的活动强度不大，令人轻松愉快，具有安抚身心、消除疲劳的功效。消遣运动也称休闲体育，是随着现代社会的发展而逐渐发展和兴盛起来的。随着人类对自然界开发的广度和深度的不断提高，社会运动的时间节奏显示出由慢到快的变化趋势。为了抵销"快节奏"所造成的不利影响，现代社会大大增加了余暇时间，有着丰富的余暇活动，从而对社会成员起到了巨大的调节和缓冲作用。

此外，人们在满足了基本的生活需要以后，享受的需要、发展的需要也随之出现，并成为影响人们生活方式和行为方式的强大动力。人们需要利用各种方式，包括休闲娱乐的方式不断充实和完善自己，以努力提高个人的物质生活和精神生活质量。因此，消遣运动或休闲体育就成为现代人十分重要的活动领域。人们在余暇时间里的消遣运动和方式有很多，如制作手工工艺品、收藏、观看戏剧电影、欣赏音乐等。从体育的角度分析，可分为两类，一类是观赏性体育活动（非运动性消遣活动），如通过观赏各种体育比赛或表演，获得心理满足；另一类是体力性活动（运动性消遣活动），如散步、旅行、踏青、登高、狩猎、垂钓、泛舟等。

采用消遣运动法时应注意的方面包括：情绪放松，注意力专注于活动对象，要暂时忘记和摆脱工作、生活的困扰。活动内容选择要以兴趣爱好为前提，符合个人意愿。运动负荷以小、中强度为宜，以运动后能产生惬意的疲劳感为好。为增进情感交流，增添消遣情趣，最好能与亲友结伴而行，陪同活动。

第二节　体能训练的训练学方法

运动训练的方法极其丰富，分类非常复杂，常用的训练方法包括以下几种。

一、持续训练法

持续训练法是指在较长的时间里，用较稳定的强度，不间歇地进行练习的方法。持续训练法通常用于发展一般耐力，例如，长距离跑或游戏，球类中的多球训练，体操中的单个或成套动作的连续重复练习等。

二、间歇训练法

间歇训练法是指在一次或一组练习之后，严格按照规定的间歇时间和积极性休息的方式进行，在大学生机体未完全恢复的情况下就进行下一次（组）练习的方法。间歇训练法同重复训练法相类似，练习之间都有一定的间歇时间。区别的关键在于间歇训练法每次练习的间歇时间都有严格规定，要在大学生机体未完全恢复的情况下就开始第二次练习；而重复训练法的间歇时间要在大学生的机体基本恢复的情况下才开始第二次练习。

对于提高大学生的心血管系统的机能而言，间歇训练法特别有用。通常间歇休息在心率降低到 120～40 次/分钟时又开始下次练习。此时心脏每搏输出量能够达到最大值，耗氧量也达到最大值，接着又对心脏施加新的强烈刺激，这有利于增加心肌耐力，增大心脏容积，较快地提高心脏的功能。

贯彻间歇训练法应注意以下几方面的问题。

第一，明确构成间歇训练法的五个因素，并根据训练要解决的问题，有的放矢地进行安排和调整。这五个因素是每次练习的距离和时间，每次练习重复的次数和组数，每次练习的负荷强度，每次或每组练习之间的间歇时间，间歇时的休息方式。

体能训练通常采用的两种间歇训练法，主要是调节强度的办法。小强度间歇训练法占个人最大强度的 30%～50%，用于发展有氧耐力和局部肌肉耐力的训练法。较大强度间歇训练法占个人最大强度的 50%～80%，用于发展速度耐力和速度力量的训练法。

第二，对于机体机能水平尚低的学生，难以胜任较大的运动负荷，不宜采用间歇训练法；可以胜任较大运动负荷的学生，可采用间歇训练法。

第三，间歇休息的方式应该采用有轻微活动的积极性休息，以加速乳酸的排除。

三、变换训练法

变换训练法是指在练习过程中有目的地变换练习的负荷、动作组合以及变换练习的环境、条件等情况下进行训练的方法，这是一个运用很广泛的训练方法，只有在方法上采取变化，才能将训练实践搞活，达到不同的训练目的。

（一）变换训练法的作用

提高大学生机体对训练和比赛的适应能力。培养大学生的多种运动感，如时间感、空间感觉、速度感、节奏感等。避免练习过程中的单调乏味，提高大学生的情绪、兴趣和积极性。

（二）学校课余运动队训练中变换训练的常用形式

改变负荷的变换法。其目的主要是提高对不同负荷的适应能力，在篮球、足球等项目中运用短距离的变速、变向跑（慢跑时突然加速或加速变向）用以发展专项速度耐力。

改变动作组合的变换法。这种变换法多用于技术训练，特别是技术动作多，组合方式较为灵活的项目。如体操、篮球等项目采用这种方法对提高动作的连接技术、获得多种感觉信息有重要意义。

改变练习环境和条件的变换法。如场地器材条件，观众情绪条件，有对手、无对手条件，与不同技术特点的对手相对抗等。这种训练主要为了提高大学生适应变化条件的能力，提高在变化条件下运用技术的能力及心理的稳定性。

四、综合训练法

综合训练法就是把重复法、变换法、间歇法、竞赛法等结合起来运用的方法，它可集诸法之所长，取得训练的良好效果。综合训练法有两种主要组织方式：一种是将上述各种训练法综合运用，另一种是循环训练法。循环训练法的组织方式与循环练习法的组织方式相同，所不同的是练习内容要结合专项进行选择，练习应有重点内容。由于训练"负荷"相对较大，更应注意训练顺序排列的合理性，一般来讲从下肢活动开始为好。

五、竞赛训练法

在比赛的条件与要求下进行练习的方法，称竞赛训练法，它的主要特点是练习具有竞争性。学校运动训练中已广泛采用的方法有游戏性竞赛、身体素质比赛、技术和战术比赛、非专项比赛，采用竞赛法应该注意以下几个方面的问题。

第一，竞赛作为手段，运用时应该目的明确，应该根据训练任务和正式比赛任务采用某种类型的竞赛训练法。例如，教师可以从某一角度从严或放宽规则，或增加新的规则；缩小场地减少人数的足球训练比赛，用以提高基本技术、控制球的能力；作为检查训练效果的比赛一般安排在某一阶段的后期进行。

第二，要加强比赛训练的组织工作。集体成队的游戏和比赛，两队水平要接近，维持平衡的对抗，激发参加者的情绪，并且要有意识地培养大学生参与组织比赛裁判工作的能力。对于比赛进程中的负荷发展，教师要善于控制。

第三，训练性比赛是对大学生进行道德作风、意志品质教育很好的形式。用最快的方式把学生组织起来，在比赛规则允许的范围内通力协作，力争优胜，评比、表扬优良行为，做到实事求是，赏罚分明，这样就比较容易取得训练的效果。

六、心理训练法

心理训练法是采用心理学的手段对大学生进行训练的一种方法，课余体育训练中，常用的心理训练方法有以下几种。

（一）放松训练

放松训练是指专心致志地使自己的身心放松的一种方法。它是采用一定的自我暗示的套语，即意念将注意力导引到一定的方向和范围，从而促进肌肉和大脑放松，调节植物性神经系统的机能，消除心理紧张，消除疲劳，提高人体工作能力。

（二）念动训练

念动训练也叫内心默念或"过电影"，是在思想上完成动作的过程。念动训练是以意念动作为基础，反复进行思想表象，与此同时引起神经、脉搏和肌肉系统的相应变化，从而起到训练的作用。

（三）集中注意力训练

集中注意力训练是坚持全神贯注于某一个确定的目标，或者将被某些因素干扰的注意力重新集中起来的一种训练方法。集中注意力的训练方法很多，如集中注意力观察对方动作变化、球的飞行路线和落点；教师用轻微的声音发出指令，让大学生执行，这种微弱的声音可迫使大学生自觉地集中注意力，在周围嘈杂的环境下做各种方向路线变化的练习。

七、运动处方训练法

运动处方训练法是指医生以处方的形式规定锻炼的内容、运动量和注意事项，从而指导人们科学地从事体育锻炼的方法。运动处方有两种情况，一种是体育保健医生给大学生开运动处方，就像医生给病人开处方一样；另一种是大学生自己给自己开处方。根据大学生不同的身体状况以及锻炼目的，运动处方可分为治疗性运动处方和预防性运动处方。

运动处方法的基本要素包括：第一，运动的内容。必须有针对性，确定可以治病和健身。第二，运动的次数。这里指每周的次数，最理想的是每天坚持运动，一般可以隔一天运动一次，但必须考虑大学生的具体情况。第三，运动时间。这里指每天运动多长时间要根据项目和大学生的身体状况来决定。第四，运动强度。要根据大学生的健康水平和运动能力来确定。第五，大学生身体健康状况的指标。大学生在身体运动或制定运动处方之前必须经医生进行健康检查。第六，注意事项。根据部分健康指标拟定身体运动的注意事项。

八、利用自然条件训练法

利用自然条件训练法是指大学生利用日光、空气、温度、水、沙、泥等自然条件，对人体有意识地施加影响的一种身体运动方法。这种方法主要是利用自然因素来促进机体的新陈代谢能力，防治某些疾病，以增强机体适应自然的能力，促进机体的生长发育等。利用自然条件法，一定要考虑身体的现状，若身体有病（心血管病、肾病、肝病等），则不能随便采用此方法，可以治疗的疾病有皮肤病、关节炎等。利用自然条件法主要有日光浴、空气浴、温矿泉浴、沙滩浴、泥埋浴等。

第三节　体能训练的一般方法

一、一般方法

（一）负重练习法

负重练习法即载负重量进行锻炼，它要求大学生按一定的次数、重量、标准和动作频率去锻炼身体，增强体质。如使用杠铃、沙袋等锻炼身体和增强力量素质。

（二）重复锻炼法

重复锻炼法是按预定内容反复进行某一锻炼的方法。如重复进行

60米加速跑4～6次，每次跑后间歇1～2分钟，且每次跑的距离和速度不变。该方法主要用于发展下肢力量和速度素质。

（三）综合锻炼法

综合锻炼法是在进行身体锻炼的过程中，为促进身体各部位的全面发展而把对身体各个部位有不同作用的几个或更多的运动项目搭配起来，形成一个可影响身体数个部位乃至全身所有部位进行运动的方法。如跳绳→立卧撑→引体向上→双臂屈伸→多级跳远等综合锻炼法。

（四）身体不同部位锻炼方法

1. 头颈运动

头为人之首，常练可使大脑供血充分，有利于消除脑疲劳、增强记忆力。锻炼方法有头前屈、后屈、侧屈、回旋等。

2. 上肢运动

锻炼方法有俯卧撑、双杠臂屈伸、单杠引体向上及持器械的各种练习。

3. 躯干运动

锻炼方法有仰卧起坐、仰卧举腿、仰卧两头起，悬垂举腿、腰侧屈等。

4. 下肢的运动

下肢为人体支柱，应使其发达、健壮。锻炼方法有杠铃深蹲、半蹲、提踵、跳跃等。

二、发展身体素质的方法

（一）发展力量素质的方法

力量是指肌肉紧张或收缩时所表现出来的一种能力。力量素质是身体素质的基础。发展力量素质应根据目的的不同而采取不同的方法。一般情况下，发展绝对力量采用重量大、组数多、次数少的方法；发展速度力量采用中重量、中次数、组数少的方法；发展小肌肉群力量和力量耐力采用重量小、组数少、次数多的方法。

(二) 发展耐力素质的方法

耐力素质是有机体长时间工作克服疲劳及疲劳后快速恢复的能力。按运动的外在表现可分为速度耐力、力量耐力和一般耐力；按所影响的器官分为心血管耐力和肌肉耐力等；按能量供应特点分为有氧耐力和无氧耐力等。练习时，应强调大学生的意志品质、呼吸深度和呼吸方法。发展有氧耐力主要是提高心肺功能，运动时间要求在 15 分钟以上（至少为 5 分钟），锻炼时负荷强度应达到所能承受最大强度的 80% 左右（心率大约在 150 次/分），经常采用持续负荷（包括连续负荷法和交替负荷法两种）方法，如选用跑步、跳绳、原地跑、球类、自行车、溜冰、划船等锻炼手段进行锻炼，锻炼时应注意逐渐增加运动强度和密度。

(三) 发展速度素质的方法

速度素质是指人体快速运动的能力。速度可分为反应速度、动作速度和移动速度，各种速度素质练习都应在体力充沛、精力饱满的情况下进行。

反应速度：即对外界刺激反应的快慢。利用信号让大学生做出相应的反应是常用的方法。

动作速度：即完成某一动作的快慢。减小难度法（顺风跑、下坡跑等）、加大难度法（跳高前的负重跳等）和时限法（按一定节拍或跟随别人较快的节奏等，以改变自己的动作节奏或速度），是常用的发展动作速度的方法。

移动速度：即单位时间内位移的距离。发展的方法有最大速度跑、加快动作频率和发展下肢爆发力量。

(四) 发展灵敏素质的方法

灵敏是指在多变的运动环境中迅速改变身体位置的能力。发展的方法有在跑跳中迅速、准确、协调地完成各种动作、各种综合练习、各种变换方向的追逐性游戏及球类活动等。

（五）发展柔韧素质的方法

柔韧是指关节活动的幅度，肌肉、肌腱韧带等软组织的伸展能力。一般以采用静力性拉长肌肉和结缔组织的方法发展柔韧素质成效较快。静力性练习要求保持 8～10 秒，重复 8～10 次，如压、搬、劈、蹦、体前屈、转体、绕环等动作，并以身体感到酸、胀、痛为限。控制在 5～30 次之间的动力性拉伸练习（踢腿、摆腿、甩腰等），也是发展柔韧素质的方法之一。发展柔韧素质应将静力与动力、主动与被动练习相结合，坚持细水长流。

三、推荐简便易行的锻炼方法

（一）步行锻炼法

步行是体育锻炼中最简便易行的锻炼方法。步行锻炼主要由步行的距离、速度决定其运动强度，大学生应根据本人的实际情况进行选择。

（二）跑步锻炼法

跑步是一种有关肌肉群反复活动的全身有氧运动。利用跑步可以消耗体内过剩的热量，有助于减少大学生体内的脂肪和控制体重。

（三）游泳锻炼法

游泳的锻炼价值与跑步非常相似。由于人在水中受到水的阻力和浮力以及水温的影响，其游进同样的距离，所需的能量是跑步的 4 倍之多，心率却处于较低水平，因此是一种更安全的健身方法。

（四）跳绳锻炼法

跳绳能提高心血管系统和呼吸系统的功能，提高肌肉长时间工作的能力，同时能使人的速度、灵敏、协调性等得到加强。

（五）有氧操锻炼法

有氧操是一种充满活力的锻炼方法，在提高心血管系统和呼吸系统的功能方面有明显作用。跳操可以使体重得到有效控制，健美身材，愉悦身心。

第四节　体能训练的训练原则

体能训练锻炼方法虽然简单易学，可以提高大学生的身体健康水平，但想要科学地安排体育锻炼，避免伤病事故，就必须遵循体育锻炼的基本原则。

一、循序渐进原则

体育锻炼的循序渐进原则是指在学习体育技能和安排运动量时，要由小到大，由易到难，由简到繁，逐渐进行。大学生在进行体育锻炼时，要逐渐地增加运动量。以跑步为例，开始时可先进行散步等运动强度不大、活动量较小的练习，在心理上做好思想准备，活动1周或10天，待身体机能适应后，再进行小强度的慢跑，以后逐渐增加跑步的速度和距离。另外，大学生也要充分认识到，体育锻炼不可能在短时间内就见成效，只有坚持锻炼，才能取得理想效果。

二、全面发展原则

对多数大学生来说，进行体育锻炼是通过体育锻炼使整体机能全面、协调发展，所以在进行体育锻炼时，要注意活动内容的多样性和身体机能的全面提高。全面发展原则主要有两层意思：一是体育锻炼的项目要丰富多样。不同的体育锻炼项目，对身体机能的影响作用不同。选择多样化的锻炼项目有助于身体机能的全面提高。二是体育锻炼项目的多功能性。如果由于体育锻炼时间和锻炼条件的限制，无法选择较多的运动项目，那么在确定体育活动内容时，就应当选择一种能得到有效锻炼的运动形式，以保证活动项目虽然单一，但仍可对整体机能产生全面影响。

三、区别对待原则

体育锻炼时，还要根据大学生的年龄、性别、爱好、身体条件、职业特点、锻炼基础等不同情况做到区别对待，使体育锻炼更具有针对性。在具体执行区别对待原则时，应做到以下几点。

（一）根据年龄选择体育锻炼项目

年长者可进行一些活动量相对较平稳的慢跑、太极拳等项目的体育锻炼，以减少运动损伤。大学生可进行对抗性强、运动较剧烈的球类运动、爬山比赛等，以增加体育锻炼的兴趣。

（二）根据性别选择体育锻炼项目

男子可进行一些体现阳刚之气的举重、拳击等体育锻炼；女子则可练习健美操、健美舞等柔韧性运动项目。

（三）根据身体情况选择体育锻炼项目

对从事康复体育锻炼的人来说，体育活动量一般不要过大，其体育锻炼的主要目的是恢复身体机能，或使身体机能不致过分下降。对于一些有特殊慢性疾病的人，要有针对性地选择适合自己疾病的体育锻炼项目。

四、经常性原则

经常参加体育活动，锻炼的效果才会明显、持久，所以体育锻炼要经常化。虽然短时间的锻炼也能对身体机能产生一定的影响，但一旦停止体育锻炼后，这种良好的影响作用会很快消失。一次性体育活动可以提高人体的免疫机能，增强人体的抗疾病能力，但这种作用在体育锻炼后的第二天或第三天就消失了，所以大学生要想保持旺盛的体力和精力，就必须坚持参加体育锻炼。经常参加体育锻炼应注意以下几个问题。

第一，一旦参加体育锻炼，且对身体产生了良好的影响，就应自觉地坚持下去，活动的内容和项目可以更换，但锻炼不能停止。

第二，经常参加体育锻炼，并不是说无论什么情况下都绝对不能停止锻炼，而是只要合理地安排锻炼计划，如每周锻炼 3 次，或每周锻炼 5 次等，只要不是长期地停止锻炼，就能保持锻炼效果。

第三，因气候条件不能在室外进行锻炼时，可改在室内进行，即使暂时变换锻炼内容，对锻炼效果也不会有太大影响。如因工作繁忙不能按原计划进行体育锻炼的大学生，可充分利用零散时间进行体育活动，一天进行几次短时间的体育活动同样会取得较好的健身效果。

五、安全性原则

从事任何形式的体育锻炼都要注意安全性，为了保证体育锻炼的安全，大学生应做到以下几点。

第一，体育锻炼前做好充分的准备活动，使各器官系统的机能进入活动状态后，再进行较剧烈的运动。

第二，体育锻炼要全身心投入，锻炼过程中不要开玩笑，这对于大学生尤为重要，有时稍不注意，就有可能出现运动损伤。

第三，在进行跑步、健美操等体育锻炼时，最好不要在沥青马路和水泥地面上进行，以防出现各种劳损症状。

六、超负荷原则

在体育锻炼中，使身体既有一定程度的疲劳，又有一定的负荷耐受力，这种状态下的运动锻炼有利于大学生掌握体育技能，并能有效地增强体质。但身体适应某个运动量后，如长期按原来的运动量进行锻炼，身体的反应会越来越小，工作能力（体力）也只能保持在原有水平。因此，为了增强身体素质，必须在一定时间不断地加大运动量，这就是超负荷原则。

第四章 大学生体能训练的项目选择和安排

时下，运动项目犹如琳琅满目的商品，为大众提供了丰富多彩的选择，如有氧操课程的大众健身操、有氧舞蹈、搏击健美操、时速单骑等。而有氧器械类型种类也非常多，如有氧自行车、划船器、全功能椭圆运转机、台阶器。力量器械类型也很常见，如自由训练器械、机器器械训练等。

第一节 体能训练项目选择的理论依据

一、健身锻炼内容的分类

分类是根据某一特征，对群体进行一定的区分和归类。依据不同的特征，从不同的角度分析，可以得出不同的分类体系。按项目活动季节分，可分为夏季项目和冬季项目；按提高身体素质分，可分为力量练习、速度练习、灵敏练习、耐力练习、协调练习、柔韧练习等。在身体锻炼的各种分类中，最基本、最常用的是按身体锻炼的目的进行分类。依据这一分类，身体锻炼的内容可分为以下几种。

（一）体能训练

体能训练主要是指大学生为强健身体而进行的身体锻炼。通过练习增强身体各系统的机能，增强身体素质，提高基本活动能力。体能训练可根据个人特点和爱好，选用各种锻炼手段，既可以采用各种竞技体育项目，也可以采用日常生活中一些有锻炼价值的动作，如走、跑、骑自行车等。

（二）健美运动

健美运动是在健身的基础上，为增加身体美感而进行的身体锻炼。通过练习，大学生能够形成良好的体型和姿态。健美锻炼的针对性较强，如为了发展肌肉，可采用举重和器械体操练习，为养成端庄优美的体态，增加协调性和韵律感，可采用健美操、艺术体操和舞蹈等练习。

（三）医疗体育

医疗体育又称康复体育，指病患为了治愈某些疾病而进行的身体锻炼。医疗体育的内容应根据疾病性质采取相应的锻炼方式。一般采用动作轻缓、运动负荷较小的散步、慢跑、太极拳、气功、按摩、保健操等。为提高康复效果，缩短疗程，常与药物治疗相结合，在医生的指导下，按运动处方进行定量锻炼。

（四）矫正体育

矫正体育是指大学生为了弥补身体缺陷或克服功能性障碍而进行的身体锻炼。练习内容应针对身体的特殊性进行专门的安排，如轻度驼背可做脊柱弯曲矫正操，近视眼可做眼保健操。

（五）娱乐体育

娱乐体育是指大学生为了丰富生活、调节情绪、欢度假期而进行的体育活动。娱乐体育以消遣、欢快为目的，内容选择以个人爱好为前提，如游戏、球类活动、郊游、渔猎、登高等。

（六）防卫体育

防卫体育是指大学生为了提高防身和应变能力而进行的身体锻炼。这种锻炼既可强身，又有较强的实用价值，如摔跤、拳术、擒拿以及攀登、爬越和各种反应性、灵敏性、自我保护性的专门练习。

二、项目选择的理论依据

现在各式各样的体能训练种类丰富，大家可以根据自己的年龄层次、身体条件、兴趣爱好选择自己喜欢的健身方式。

根据身高体重指数公式测算出的结果，可将体型大致分为以下几种类型。

正常体型：身高体重指数的范围在 18.5～22.9 之间。

肥胖：身高体重指数≥25。

消瘦：身高体重指数<18.5。

在正常和肥胖之间还有一种类型叫作超重，且身高体重指数≥23，但<25。

在肥胖人群中，不同类型的肥胖对身体的影响也各不相同。如果脂肪主要集中在腹部，称中心型肥胖（俗称"苹果形肥胖"）。根据流行病学的研究，这些人中糖尿病的发病率较高。另一些人脂肪堆积以臀部、下肢为主，这称为周围型肥胖（俗称"梨形肥胖"），这类肥胖对身体的影响相对较小。

不同体型的人应选择不同的运动，使锻炼更具针对性。

第一，瘦弱、脂肪少、肌肉力量不强、体力不佳的人。这类人应先练好体力，逐渐强化肌肉力量及身体耐力，然后再进行力量训练。可以选择快走、跑步、游泳等项目，同时多摄取含丰富蛋白质的食物，以增进内脏机能，增强肌肉力量。

第二，看起来瘦弱但有很多脂肪的人。这类人适合的运动是爬楼梯、跳绳、跳舞等能使脂肪燃烧的运动，还要注意少吃脂肪量高的食品。

第三，体重在标准体重范围内，但臂、腰、臀部及大腿的脂肪超过标准的人。这类人可参加打球、骑马、瑜伽以及健身房器械训练等，重视热身运动和体操，强化肌肉力量。

第四，身体各部分皮脂太厚，体重过重，肌肉少的人。这类人应综合多种运动，加大运动强度，以帮助消耗脂肪，同时经常做静态的伸展，以强化肌肉骨骼。

第二节　体能训练流行项目

一、大众健身操

项目特点：运动活动范围涉及全身每个关节，在一节 50 分钟左右的课程中，健身者在音乐、灯光、教练的口令、参与伙伴的鼓励与带动下进行有节奏、循序渐进的有氧运动。可燃烧大量的脂肪，提高大学生的心肺功能，不失为减肥、保持体能、体型的首选。

适合人群：无基础病且身体素质好的大学生。

二、有氧舞蹈

项目特点：一方面能消耗较多热量，另一方面能把许多舞蹈动作健美操化，并且有许多风格。

适合人群：有舞蹈基础，以提高气质、保持优雅形体为目的的健身人群。

三、搏击健美操

项目特点：是一种结合音乐、舞蹈、拳击、搏击等特点而形成的健美操。搏击健美操的目标是健身，因此更适合大众。它是对搏击或健美操的补充，可以提高锻炼者的自信心，增强肌肉的协调性和必要的技巧与柔韧性。

适合人群：身体健康的大学生。

四、时速单骑

项目特点：是目前欧美最流行的有氧健身项目之一，有人把这项运动称作"自行车上的舞蹈"，通过运动使车轮不停地旋转，还可自行调节运动负荷，运动量可大可小，易学、易练又动感十足，从而达到减少腰腹部的赘肉、健美下肢和提高心肺功能的效果。

适合人群：适宜无关节病痛者和体能好的人群。

五、健身球

项目特点：最早只作为康复医疗的设备，之后又被用来治疗腰背疾病、神经紊乱、膝盖和肩部康复医疗、纠正体态、提高病人的平衡等疾病。由于健身球在提高某些肌肉（腰背、骨盆）方面的作用，这项运动也被广泛推广。健身球现在不再仅作为一种理疗，也成为新兴的体能训练项目。

适合人群：它适合所有需要康复治疗的人。它的健身效果良好，特别对脊柱和骨盆的锻炼，同时有很好的损伤恢复和康复功能（对腰背疾病疗效显著）。在锻炼时比较安全，不容易出现损伤，还可以提高人们的柔韧度、力量、平衡、姿态、心肺功能。

六、瑜珈

项目特点：瑜伽一词的原意是"融合""和谐"，真正的瑜伽就是一种修身养性的生活方式。在中国的很多都市里，瑜伽就像一种时尚符号，练瑜伽在很多人心目中已经成为走向健康的代名词。

适合人群：适合以减轻压力、调节心绪为目的的人群。

现代体育的发展使得体能训练内容更加丰富多彩。传统的锻炼形式得到继承和发扬，新兴的竞技性、娱乐性项目也被广泛采用。一些专业的健身场所如雨后春笋般出现在大众面前，可以预言，随着体育科学的发展，健身锻炼的内容将日趋丰富，更加科学系统。

第三节　体能训练项目选择的原则

恰当准确地选择身体锻炼的内容，可以激发和巩固大学生进行体育锻炼的积极性，是提高锻炼效果、顺利实现锻炼目的的前提。选择身体锻炼的内容，既要遵循身体锻炼的原则，又要参照锻炼内容的分类，使大学生的选择更科学、更合理、更简便。

一、目的性

身体锻炼的目的是选择锻炼内容的主要依据。选择锻炼内容前，必须先确定锻炼目的。锻炼目的有直接目的和间接目的之分，应先考虑直接目的，然后再努力使直接目的和间接目的相统一。如为了治疗慢性疾病，应从医疗价值较高的体育项目中寻求对症之法，然后再从长计议，考虑如何使身体进一步变得健壮。锻炼目的应突出重点，尽量具体。

二、可行性

确定锻炼内容后，必须从实际出发，充分考虑锻炼的客观条件。练习场地应以就近为宜。调查显示，锻炼地点对 15 分钟之内可到达者有较大的吸引力，其中跑步 5～10 分钟可到达的吸引人数最多。对于居住偏远者，可选择对场地要求不高的项目，就近锻炼，如跑步、打拳等。锻炼器材应小型、轻便，便于携带。目前，大学生多采用徒手项目，对场地器材要求不高。随着物质文化水平的不断提高，应逐步增加轻器械练习，这不仅可以增加练习兴趣，而且能够提高锻炼质量。此外，确定锻炼内容时，还应考虑大学生的技术基础是否能够适应该项目的难易程度，该项目是否需要、能否找到技术辅导员，该项目锻炼所需时间与本人闲暇时间是否矛盾等。

三、讲科学

人人都希望拥有健康的身体，运动健身的理念已经被人们普遍接受，科学的运动方式是持之以恒，主张每周至少锻炼 3 次，每次的锻炼时间对普通人来说以 1 小时左右为宜。

运动对于预防和治疗慢性疾病确有一定作用。对一些慢性病人来说，运动的关键是科学性。如何在运动的过程中不造成运动损伤，同时又对慢性病起到辅助治疗的作用，这是一个很科学的问题。慢性病的患者必须对自己的身体情况有一个全面的了解，哪些运动可以做，哪些运动不合适做，这都需要提前咨询医生。运动形式也应采用自己比较熟悉、不是很剧烈的方式。循序渐进是另外一个重要的因素。在刚开始锻炼的时候，一定不要过量，然后在运动的过程中逐渐加量。另外，要注意在锻炼一段时间后，及时复查病情，科学评价运动对自己病情的影响。

运动是一种负荷，在运动的过程中，人要付出一定体力达到锻炼的目的。判断某一种形式的活动是否可以称为运动是有条件的，它本身要有负荷，在从事这种活动的时候本身需要在代谢上有所改变。

第四节 体能训练的科学安排

一、长期体能训练的科学安排

体育锻炼只有持之以恒，才能取得理想的健身效果。大学生在体育锻炼前应根据自身条件制订一个长期稳定而又切合实际的锻炼计划。在制订长期体育锻炼计划时，至少应考虑年龄和季节等方面的因素。

（一）根据季节科学安排体育锻炼

不同季节的气候条件对安排体育锻炼也有影响，大学生要考虑季节气候的变化规律安排体育锻炼，并应注意季节交替时体育锻炼内容的衔接和变换。

1. 春季锻炼

"一年之计在于春"，春季科学地进行体育锻炼可以为一年的体育锻炼和身体健康打下较好的基础。开春进行体育锻炼，主要是为了加强体内的新陈代谢，逐渐提高各器官的机能水平。体育锻炼的内容应以有氧代谢为主，运动强度要逐渐增加，运动形式多为长跑、自行车、跳绳、爬山、球类等。在春季进行体育锻炼时，要做好准备活动，充分伸展僵硬的韧带，以减少运动损伤。同时，要注意及时地脱、穿衣服，防止感冒。

2. 夏季锻炼

夏季天气炎热，给体育活动带来很大不便，但如果夏季停止体育锻炼又破坏了体育锻炼的连续性，所以夏季既要坚持体育锻炼，又要掌握锻炼的强度和时间。夏季最理想的运动是游泳，这项运动不仅可以提高身体机能，同时又可防暑解热。但并不是所有人都有条件或适合进行游泳运动。夏季大学生可选择的体育锻炼项目还有慢跑、散步、太极拳、羽毛球等，在进行这些项目的运动时，最好是在清晨和傍晚进行，运动后要注意水分和盐分的补充，以防身体脱水和中暑。

3.秋季锻炼

秋高气爽是体育锻炼的大好季节。体育运动中许多重大的国际比赛都安排在秋季进行，说明秋季适合多种体育活动的开展，如篮球、排球、足球、长跑、武术、自行车等。一些冬季锻炼项目，如冬泳、冷水浴等也应该从夏末秋初就开始准备，以便使身体有一定的适应过程。秋季进行体育锻炼时，由于天气变化无常，早晚气温较低，锻炼时要注意及时增减衣服。另外，秋天的天气干燥，锻炼前后要补充水，以保持口腔黏膜的正常分泌和呼吸道的湿润。

4.冬季锻炼

冬季参加体育锻炼，可以提高身体的抗寒能力，预防各种疾病的发生，所谓的"冬练三九"就是这个道理。冬季体育锻炼的内容非常丰富，一般人可进行长跑、足球、拔河等。冬季锻炼时身体生理机能的惰性较大，肌肉组织容易受伤，所以要做好准备活动。运动最好采用口鼻呼吸方式，吸气时，口不要张得太大，防止冷空气直接刺激口腔黏膜。

（二）根据年龄科学安排运动量

体育锻炼时，运动量是影响锻炼效果的重要因素。运动量过小，锻炼效果不明显；运动量太大，会对身体机能产生不利影响。并且，因不同年龄的人身体状况不同，体育锻炼的运动量也不同。

第一，处于生长发育时期的青年，随着年龄的增加，身体机能不断提高，这就要求大学生增加活动量，以使运动量不断适应日益提高的身体机能。

第二，成年人的身体机能较为稳定，进行体育锻炼主要是为了保持身体机能，预防种种疾病。在体育锻炼的开始阶段，活动量可逐渐增加，当身体机能达到一定水平后，就应保持原运动量。

第三，体育活动的开始阶段，运动量可适当增加，当活动量达到一定水平后，运动量就应相对稳定。

二、一次体育锻炼的科学安排

一般情况下，可以每天进行一次体育锻炼，每次的活动时间为 30 分钟左右。个体进行一次体育活动，一般都要经过准备活动，运动强度逐渐增加，保持相对稳定的活动时间，身体疲劳与恢复等阶段，因此，大学生应学会科学地安排每次锻炼活动，以获得理想的健身效果。

（一）充分的准备活动

在每次体育锻炼前都要进行充分的准备活动，通过准备活动既可以提高大学生的锻炼效果，又可以减少运动损伤。准备活动分为一般性和专项性。一般性准备活动指在正式练习前所进行的活动量较小的全身性体育锻炼，运动形式主要是慢跑，同时可做一些伸展性体操和牵拉性练习，主要目的是使身体各器官活动充分，为即将开始的体育锻炼做好准备。活动时间一般为 5～10 分钟，天气冷时准备活动时间可长一些，天气热时可短一些，如果活动的形式是散步，则可以不做准备活动。专项准备活动主要指一些与活动项目相似的准备活动内容，如踢足球运动中的传接球、射门，武术运动中的踢腿、劈叉等。专项活动的时间不宜太长，但活动的质量要高。准备活动不仅能使身体机能进入最佳状态，而且能使心理活动达到最佳水平。

（二）运动强度逐渐增加

在进行体育锻炼时，活动量要遵循循序渐进的原则，不要一开始就突然增加运动强度，这样会使身体出现一系列不适反应。人体的各器官都有一定的惰性，在运动开始后的一段时间有一个逐步提高的过程。由于内脏器官的生理惰性比运动器官的惰性更大，所以活动一开始，肌肉能进行大强度活动，但内脏器官的活动并不能立即进入最佳状态，从而造成内脏器官与运动器官的不协调，出现各种不适症状。因此，活动开始后，运动强度要逐渐增加。

（三）足够的锻炼时间

以健身为主要目的的体育锻炼，应当以有氧运动形式为主，因此，运动强度不要过大，但要保证足够的锻炼时间。在体育锻炼中，运动强度并不是主要的，运动时间是影响锻炼效果的重要因素。因此，大学生在安排锻炼时间时，应注意的问题有：为了保证基本的锻炼效果，每天锻炼的时间应至少保证在半小时。在运动强度与运动时间之间出现矛盾时，应先考虑运动时间，如果每天锻炼不能保证半小时的话，即使强度增加，健身效果也不明显；如果大学生的学业较忙，每天无法挤出半小时的时间进行锻炼，可以采取化整为零的办法，即每次锻炼 10 分钟，每天锻炼若干次，也同样可以取得较好的锻炼效果。对于初次参加体育锻炼或身体机能较差的大学生，如果一开始不能保证持续半小时的体育锻炼，也可以采用此办法。不管从事什么强度的体育锻炼，即使是散步这种小强度的体育锻炼，锻炼时间也不要超过 2 小时，一般情况下，每天锻炼 1 小时效果最好，身体机能好的，时间可长一些，身体机能差者，时间可短一些。

三、安全健身的注意事项

大学生从事体育运动是以保持健康为目的，所以，大学生运动时应注意的事项包括：不要参加力所不能及的体力竞赛活动。运动前一定要做热身运动，运动后要做放松活动。不要参加过于剧烈的运动，以运动后心率高于平时心率的 70％为宜。运动中出现不适必须停止运动，不要勉强坚持，并及时就医。餐后不要立即运动，避免造成心脏和肌肉缺血。避免在空气不洁的环境中运动，并注意根据天气冷暖及时增减衣物。

第五章 大学生体能训练的实施效果与训练设计

要选择某项作为以后长时间所从事的体能训练时，应先考虑主、客观性数据或条件，也就是说，可以依据这些资料选择适合自己的体能训练。毕竟体能训练计划总是希望能够日积月累地养成习惯，进而成为日常生活的一部分，这才是体能训练最主要的目的。

第一节 运动处方的制定

一、运动处方的定义

运动处方是指针对个人的身体状况，采用处方的形式规定健身者锻炼的内容和运动量的方法。我国用运动处方辅助治疗冠心病、肥胖病等有不少临床报道，在医学、体育院校的教材中，运动处方已列入基本内容，在普及运动处方知识方面，运动处方可谓是做了大量工作。

二、运动处方的组成

（一）健康检查

了解大学生的一般身体发育、伤病的情况和健康状况，以确定是不是体能训练的适应者，有无禁忌证。

（二）运动负荷测定

检测和评定大学生对运动负荷的承受能力。以心肺功能为主，进行安静和运动状态下的生理功能检测，主要有心率、血压、肺活量等指标。

（三）体能测定

进行力量、耐力、速度和灵敏度的身体素质检测，从中判定大学生的运动能力和生理机能的状况。

（四）制定运动处方

1.运动目的

通过有目的的锻炼达到预期的效果。由于各人的情况千差万别，运动处方的目的有健身、娱乐、减肥、治疗等多种类型。

2.运动项目

在运动处方中，为大学生提供最合适的运动项目关系到锻炼的有效性和持久性。选择运动项目，要考虑运动条件，如场地器材、闲暇时间、气候等；还要结合大学生的体育兴趣爱好等。

3.运动强度

运动强度是指运动时的剧烈程度，是衡量运动量的重要指标之一，可用每分钟的心率次数表示大小。一般认为学生心率保持在 120 次/分以下为小强度，120～150 次/分为中强度，150～180 次/分或 180 次/分以上为大强度。

4.运动频度

运动频度指每周的锻炼次数。1 周运动 1 次，肌肉酸痛和疲劳每次发生，运动后 1～3 天身体不适，效果不蓄积；1 周运动 2 次，酸痛和疲劳减轻，效果有点蓄积，不明显；1 周运动 3 次，无酸痛和疲劳；效果蓄积明显；1 周运动 4～5 次，效果更加明显。可见，1 周运动 3 次以上，效果才明显。

5. 效果检查

由于各人情况千差万别，在实行运动处方的过程中，可能会有不合适的地方，应在实践中及时检查和修正，以保证锻炼的效果。

第二节　体能训练的效果

体能训练可使人体呈现一定的适应状态，表现为锻炼初期身体会出现暂时的不适应，经过一段时间的锻炼后，身体就会出现一种在形态、机能与锻炼刺激深度相适应的平衡状态，这就是体能训练的效果。如果能保持这种良好的状态就会使人健康长寿。

一、自我感觉效果

对每个参加体能训练的大学生来说，在运动锻炼的早期阶段，大学生会产生一种"精力充沛"的自我感觉，这就是运动锻炼所带来的自觉效果之一。这种自觉效果的存在，不仅能稳定大学生的情绪，还能提高大学生运动锻炼的兴趣，坚定运动锻炼的信念，为持久坚持运动锻炼打下良好的基础。

二、体质变化效果

（一）肌肉发达的效果

肌肉发达的宏观表现为肌肉的体积增加，并从肢体围度的增粗表现，这使大学生的身体显得匀称结实，健壮有力，同时增加了大学生身体肌肉的重量。一般人的肌肉重量为体重的 40％，而参加健身锻炼的人肌肉重量可达到体重的 45％～50％。

（二）肌肉力量增大的效果

肌肉力量增大的主要原因是肌肉的生理横断面积增大，从而增加了肌肉的绝对力量（肌肉收缩时产生的最大力量称为绝对力量）。肌肉生理横断面积的计算除了直接测量外，还可直接计算。

（三）爆发力增强的效果

爆发力不仅仅用于短跑比赛，所有的运动都需要爆发力。爆发力是肌肉力量与肌肉工作速度的乘积。如果肌肉工作时发挥了最大的力量，但其收缩速度为零，肌肉爆发力显然为零；反之，肌肉收缩速度很快，而肌肉负荷太小，那么，肌肉的爆发力也不会太大。它的大小同锻炼项目、年龄、性别有关。

（四）肌肉耐力增强的效果

大学生在进行某种运动锻炼时，常会发生身体局部痉挛、麻木、疲劳等症状。这实际上就是肌肉耐力低下的表现。在评价肌肉耐力时，常采用的是最大肌力的 $1/3 \sim 1/4$ 的力量强度，以单位时间内完成一个动作的次数作为指标进行评价，而肌肉耐力与氧供给能力有密切的关系。毛细血管液含量多时，肌肉对氧的利用率就高。运动锻炼能增加大学生毛细血管的数量和血液流量。因此，坚持长期锻炼能提高大学生的肌肉耐力。另外，肌肉中红肌纤维与白肌纤维的含量比例不同，氧利用率也会不同。红肌纤维较白肌纤维对氧的利用率高，当肌肉中红肌纤维含量高时，肌肉耐力增强；相反，白肌纤维比例高时，则爆发力强。

（五）全身耐力增强效果

耐力指人体长时间进行肌肉工作的能力，通俗地说，就是抗疲劳能力。机体呼吸、循环系统的功能是决定全身耐力的关键，为了增强全身耐力，有必要从改善呼吸、循环系统能力着手。

（六）关节柔韧性提高效果

体能训练的直接目的是通过提高大学生健身效果和改进大学生日常的生活方式，为延年益寿提供可行的方法和手段。通过系统的体能训练，既可增大关节的灵活性和稳固性，又可提高关节的柔韧性，同时还可改善关节周围的肌肉力量，使肌肉活动的协调性随之增强。这不仅有助于提高健身效果，还可防止伤害事故的发生。

三、对心血管系统的效果

心率是反映心脏功能强弱的标志，锻炼带给心脏功能的影响可通过心率变化来判断。人体运动时，循环功能的主要变化是心排血量的增加，以满足其代谢增强时的能量供给。心脏有一定的储备力，平日心排血量大约只有最大输出量的 $1/4$。体能训练及平时的锻炼可增强这种力量，即增强心肌力量，进而增加心排血量，从而提高人体活动能力。

（一）锻炼时心率变化

健康成年人的心率为男子 65～75 次/分，女子 70～80 次/分。当人体发热、精神紧张时心率也会增大。一般情况，锻炼强度越大，心率越高，二者成正比。但心率值是有极限的，正常人的心率最高值在 180～200 次/分之间。运动锻炼带来的心率减少是经过长期锻炼使心脏功能得到改善的良好反应。

（二）心脏每搏输出量增加

大学生与一般人群在心脏储备能力上存在着明显差别，这说明通过运动锻炼可以增强机体心脏功能。心脏每搏输出量的增多说明心脏对锻炼的适应性能力得到了提高。心脏每搏输出量与最大吸氧量成正比关系，运动锻炼时心脏每博量的变化直接影响机体各器官的有氧代谢。当心脏每博量达到最高峰时，吸氧量也会达到最高峰。因此，心脏每博量是决定有氧代谢能力的关键，有氧代谢能力又是全身耐力的原动力及构成体力的重要因素。运动锻炼可使心脏每博量增大，可以改善全身耐力，进而增强体力，使人精力旺盛。这就是人们常说"生命在于运动"的意义所在。

（三）运动性心脏增大

1. 大学生心脏功能强

人的心脏基本上有三种类型：第一种是正常未受过锻炼的心脏；第二种是因病而肥大的心脏；第三种是心脏营养性肥大。运动性心脏增大在长年坚持锻炼，尤其是参加耐力性运动锻炼的大学生身上得到了充分体现。

2. 心脏血管口径增大

心脏工作时，同其他肌肉一样也要消耗氧。大学生心脏口径增大且毛细血管丰富，所以供血充足，心脏功能就强。

3. 神经调节作用增强

心脏之所以有自律性，是因为它对身体和精神各方面刺激都能作出相应的反应。受过良好锻炼的心脏，即使面临难以控制的情绪危机，也有保护自身的能力。

第三节　运动负荷基础理论及周期训练理论

在运动训练活动中，以发展大学生竞技能力、提高大学生运动成绩为目的的训练手段称为运动负荷，是引起人体生物适应，不断提高竞技能力的主要因素。体能训练设计很大程度上是对负荷在训练过程中的有序安排和调控。计划不仅包括跨度较长的全程训练计划、多年训练计划，也包括时间较短的年度、大周期计划和周、课计划。因此，负荷的选择，周期、阶段的划分，训练过程的信息反馈与控制是制订体能训练计划所涉及的主要内容，设计体能训练计划是体能训练效果的重要保证。

一、运动负荷基础理论

（一）负荷的含义与类别

1.负荷的含义

运动训练是一个对人体实行生物改造的过程，引起改造的原因是由于人体受到了负荷的刺激，人体各系统产生了应激反应，通过长时间的积累完成了生物改造过程，使得人体能够适应强度较大的身体活动、激烈的比赛对抗，甚至极限运动。因此，对负荷的理解、认识和选择安排是运动训练的重要方面。

负荷是指在运动、训练、比赛过程中，以心理练习（活动）、身体练习（活动）为手段，对机体所施加的刺激包括心理刺激和生理刺激。负荷包含负荷量、负荷强度两个方面。因此，负荷是运动训练中的核心因素，负荷量与负荷强度对人体刺激及适应的表现方式与特点也有不同。

负荷量指负荷对机体刺激量的多少，是构成负荷的重要方面。负荷量引起的机体反应不如负荷强度强烈，但比较稳定，效果消退慢。衡量的指标通常包括总的时间、次数、组数、距离、重量等。

负荷强度指负荷对大学生机体刺激的深刻程度，是构成负荷的重要方面。相对于负荷量来讲，强度刺激会引起更强烈的机体反应，训练适应更深刻，提高机能水平更快，但稳定性差，效果消退快。提高训练的负荷强度是现代高水平大学生训练的一个重要特征，反映强度的指标主要有密度、难度、质量、速度、重量、高度、远度等。

负荷量与负荷强度互相影响，彼此依存。一方面，量的积累是负荷强度的基础，是稳固提高强度和承受负荷能力的保障。青年阶段尤其要重视负荷量的积累，不应急于提高负荷强度，只有打好量的基础，才能为后续的大强度训练奠定坚实的基础支撑。另一方面，强度是量的前提，从提高成绩的角度来看，没有强度的负荷量功效较低，具有一定强度的负荷量才更有生物学意义。大量的研究和实践证实，相对于负荷量，负荷强度是影响训练效果、取得良好的生物改造结果更直接的因素。

2. 负荷的类别

（1）训练负荷。训练负荷是指在平时的训练课上，以身体练习为基本手段对大学生机体施加的训练刺激。训练负荷是大学生使用、接触最多的负荷形式，长期适宜的训练负荷是在训练过程中取得良好的累积效果的基本保证。

（2）竞赛负荷。竞赛负荷指在竞赛以及具有竞赛性质的训练构成中，大学生机体所承受的刺激。同等负荷下，竞赛所造成的刺激反应比训练负荷大。由竞赛规模、重要程度、期望值、竞赛内容、对手水平、比赛紧张激烈程度、外部环境（观众、气候等）决定。竞赛负荷对提高大学生承受负荷的能力，对竞赛的适应能力非常有益。

（3）生理负荷。生理负荷指运动训练或比赛对大学生机体生理上的刺激，如心率、血压、肌力、体重、最大摄氧量、血红蛋白、血乳酸、尿素氮、尿胆原、尿蛋白等。经常检查生理负荷指标，有助于了解机体变化，调控负荷，提高科学训练水平。

（4）心理负荷。心理负荷指运动训练负荷或比赛对大学生心理上的刺激。心理负荷使大学生对训练、比赛产生心理适应，提高自我激励、抵抗外部干扰和心理抗衡能力。任何一次训练负荷都会产生心理负荷和生理负荷，二者相互影响；生理负荷加大，心理负荷相应加大；反之亦然。反映心理负荷的指标主要有：注意力集中程度、握力时间估计、焦虑量表等。心理训练（负荷）的意义体现在以下几个方面。

第一，挖掘潜能。人体中的肌糖原、肝糖原等生理能量是有限的，但心理潜力无法估量。现代训练就是挖掘大学生心理潜能和生理潜能的实践活动。

第二，减少能量消耗。比赛、训练活动要运用体能，心理活动要消耗心力，产生能量消耗。良好的心理素质可以减少不必要的能量损失。

第三，提高制胜能力。良好的心理素质，利于发挥自己的实力，并能有效地干扰对方。在实力相当的情况下，心理素质的高低成为决定胜负的因素。

因此，心理训练同智能、体能、技能、战术能力训练共同构成现代训练的完整体系。

（5）过度负荷。过度负荷指负荷超过大学生的承受能力，导致机体产生严重劣变的训练负荷。其结果会破坏人体系统功能的正常运行，造成组织损伤等病理性变化，破坏已获得的训练效应，影响训练的连续性、系统性。严重、连续地过度负荷会导致过度疲劳、受伤，甚至结束运动生涯。

（6）负荷节奏。负荷节奏指指训练过程中大、中、小负荷的交替安排，量与强度配置，训练与恢复的组合。波浪式的大、中、小负荷节奏变化是现代负荷安排的一个重要特征。负荷节奏变化对竞技状态的影响较为直接，特别是赛前负荷。科学合理的赛前负荷节奏可以促进训练效应的最大化，使大学生在比赛中表现出高水平的竞技能力。

（7）累积负荷。累积负荷是连续多次训练负荷对大学生机体所产生的刺激的累积。一次过大负荷，机体难以适应，会产生伤病；适当增加负荷，使机体产生的适应性变化逐步累积。承受负荷能力的提高是累积负荷的结果，连续合理的负荷安排可以获得更理想的训练效果。

（8）负荷结构。负荷结构是指不同性质、内容、目的的训练负荷在训练过程中的逻辑性搭配和组合，如一般训练与专项训练的搭配，大、中、小强度的搭配，核心力量、一般力量、专项力量多少的组合等。在不同的训练阶段，有序地组合、搭配不同的负荷，形成合理的负荷结构是决定训练效果的关键因素，也是值得研究和探讨的问题。

3.负荷的整体观

（1）负荷内容和目的的整体观。竞技能力具有综合性是大学生取得成绩的基础。现代运动训练理论认为，竞技能力指大学生的参赛能力，由具有不同表现形式和不同作用的体能、技能、战术能力、运动智能以及心理能力所构成，并综合地表现于运动训练、专项竞技的过程之中，运动训练过程就是不断提高大学生竞技能力的过程。

运动训练的最终目的是成功地参加比赛，并在比赛过程中充分发挥竞技能力，获得优异的运动成绩。运动训练的实质就是有计划地对大学生施加适宜的负荷刺激，使机体产生预期的适应性变化，即重新构建人体的形态结构和功能，包括结构重建和机能重建。竞技能力提高的本质是在适宜负荷的刺激下，各机能系统对刺激发生的应答性反应，个体发生的适应不同运动项目需要的生物改造过程。因此，训练从总体上讲，就是要改善神经肌肉系统的机能，提高能量供应系统的供能能力，塑造强大的心理素质和精神意志的活动。

（2）负荷效果的整体观。无论是一次性负荷还是阶段性负荷的累积效果，都具有整体性，具体表现在以下几个方面。

第一，在同一训练负荷的刺激下，机体的每个系统、器官的机能状态都会受到不同程度的影响，而且相互联系。

第二，任何训练活动都需要神经肌肉系统的参加，在神经系统的支配下，动员肌肉系统工作，需要能量供应系统参加，消耗能量。

第三，训练、比赛都伴随着心理、精神、意志活动，负荷越大，比赛越激烈，心理活动和精神负担也就越强烈。

体能训练设计的总体目标是为了改善神经肌肉系统的机能，提高能量供应系统的供能能力，培养强大的心理素质和精神意志，完善身体形态结构，构建适应专项竞技需要的运动链。

（二）选择负荷的依据

1. 个性需要

大学生在年龄、性别、竞技水平、身心特点、伤病等方面存在差异，要求采取针对性的训练负荷。教师只有准确分析大学生的特点，根据大学生的实际情况，制订针对性的训练计划，才能使大学生的体能得到充分地发展。

2. 不同负荷效果的特异性

依靠力量训练手段提高心肺的有氧能力收效甚微，因为力量练习（包括力量耐力）主要对神经肌肉系统起刺激作用，提高心肺有氧功能的训练手段主要是采用持续、重复、间歇的方法，进行各种强度、各种距离的跑的练习。

3. 训练阶段与分期

训练阶段与分期具有多重含义，包括大学生职业生涯的各个阶段，也包括年度计划的分期。同时任何一个训练目的、任务都需要一个持续的阶段才能实现。大学生的训练是一个较长的过程，我国训练学理论把大学生全程训练分为基础训练、专项提高、最佳竞技、竞技保持四个阶段。每个阶段的主要任务、持续时间、训练重点及负荷特点不同，决定了体能训练所选择的负荷必须与各阶段的目的、任务相吻合。

二、周期训练理论

训练计划的制订主要是基于周期训练理论的基础，用来组织某个项目大学生训练过程的规划和具体训练变量进行调整的过程，是一个训练实施过程前进行的理论和实践的总体架构，即所有训练因素的负荷安排与恢复周期设计。对于训练周期和体能训练设计的研究是竞技体育训练理论研究的热点问题，主要研究方向可以概括为以下几个方面。

（一）传统周期训练理论的应用与发展

随着国际竞技体育赛制的变化，现代体能训练体系的科学化，运动项目和大学生的个性化，竞技体育竞争愈发激烈，传统周期训练理论仍是全年周期安排的依据。在具体实施过程中，可根据专项的特点，保持年度训练的系统性、节奏性和周期性的统一，有目的、有选择地采取一些中长周期、中小周期的训练形式、负荷安排。

（二）"以赛代练"训练指导思想下板块周期训练理论的引入

随着赛制发展、体能训练科学化、训练个性化的深入和日益激烈的竞争，出现了集中负荷效应的训练方法，即教师以板块模式组织训练，有针对性的优先发展和提高，从而不断地实现大学生专项成绩的突破。板块周期训练理论的提出为大学生安排了全新的训练周期及训练计划，有效地发挥了训练痕迹效应。

（三）对当前竞赛体制背景下周期训练理论的再思考

随着竞赛体制和比赛性质的改变，我国周期训练理论也由单一发展阶段走向多元化发展阶段。"体能"是现代世界竞技体育发展过程中的热点问题。最新出现的多种新的训练理念，极大地丰富了我国训练理论体系，运动训练领域的研究正向科学化的纵深发展。原有的训练理论和理念正受到当前新的训练理论的冲击和挑战。因此应保持与时俱进的思想，不断吸收最新的理论，更新训练理念和训练观念。

第四节　体能训练计划与设计

一、训练计划基础知识

（一）运动训练过程

体能训练是运动训练过程的重要组成部分。体能训练的重要任务就是努力、充分地挖掘大学生的身体潜力，力求最大限度地提高其体能。

任何一个训练过程开始时，作为运动训练的主体同时也是训练活动对象的大学生，其体能发展水平已经处于某一特定的状态之中，教师所组织的运动训练过程，使大学生的体能发展到一个新的、更高的水平。为了实现这一目标，需要教师了解和正确地分析训练过程的基本结构和体能训练的基本特征，为科学合理地训练安排奠定理论基础。尽管不同的运动项目各有特色且对训练有着特定的要求，不同时间跨度的运动训练过程也有各自不同的组织形式和具体内容，但完整的运动训练过程有自身的规律，总是按照一定的结构形式组织。

训练过程实质是一个控制过程。从一般意义上说，控制是指控制主体按照给定的条件和目标，对控制客体施加影响的过程和行为。训练过程控制是根据运动训练的规律，通过专门的方法、手段，使训练过程按指定的方式进行，达到顺利完成、提高大学生竞技能力和创造优异运动成绩的目的。一个完整的运动训练过程应该包括大学生起始状态的诊断，训练目标的建立，训练计划的制订，训练活动的实施，训练过程中的检查评定以及训练目标的实现这六个基本环节。对大学生起始状态的诊断是一个完整的运动训练过程的出发点，训练目标的建立则是为运动训练过程确定了一个目标状态，是整个运动训练过程进行的目的，也是对运动训练过程发展状况做出检查评定的标准。

（二）训练计划的类型

运动训练计划是对未来的训练过程预先做出的理论设计，是为实现训练目标而选择的竞技状态转移通路，也是教师和大学生进行运动训练的依据。一个好的训练计划就是合理的周期训练，对周期性训练的充分理解有助于教师更好地制订和执行训练计划。根据大学生的整体情况和规划目标，专项能力的提高尤其需要对多年、全年、各阶段的训练进行合理、详尽的计划安排，并通过训练周和训练课等具体训练单元的实施逐渐落实到训练实践中，使大学生的专项体能水平得到提高。在设计一份训练计划时，必须考虑几种不同水平且相互有关联的训练计划。每一种训练水平的训练计划的制订都要以大学生的训练目标为依据，一旦制定好了训练目标和竞技目标，就要对这些训练计划进行系统的组织和排序。依据不同的标准可以将计划分为不同的类型，如体能训练计划、战术训练计划、力量训练计划等。训练实践中常常根据时间跨度，将训练过程划分为不同的周期，制订相应的周期计划，通常有多年训练计划，年度和大周期训练计划，小周期和课时计划。

1.多年训练计划

多年训练计划是大学生多年训练过程的总体规划，是其职业发展的蓝图，运动寿命长的大学生可长达 20 年之久。多年训练计划由一系列年度训练计划组成，这些年度训练计划彼此密切联系，共同将大学生的训练引向具体的训练目标和比赛目标。在制订多年训练计划时，要密切注意下列内容。

（1）了解个人特点：包括年龄、身体发育、伤病、性格、道德品质等。

（2）制定阶段性（年）竞技能力和运动成绩目标：可以对大学生的体能、技术、战术、心理、智能等竞技能力进行纵向的和横向的比较，力争达到预计目标，不应过于追求运动成绩。

（3）确定、设计各阶段（年）主要的任务和训练手段：任务应该是与大学生所处的年龄段相适应的，首先打好基础，再逐年提高，使大学生完成各阶段相应的任务，这对大学生的运动寿命和成绩提高有重要意义。训练手段要精心设计，先进行比较广泛的一般性训练，再增加专项训练的比例。

（4）明确存在的问题，提出改进方法：对各阶段存在的问题，要进行深刻的分析并反思、总结，找出解决办法，不断优化训练计划。

多年训练计划包括基础性的训练任务、主要目标以及年度训练计划。多年训练计划的制订和实现是通过具体的年度、周期、训练课的训练目标综合而成。

2.年度和大周期训练计划

年度训练计划是一系列训练计划中最重要的一个计划，是多年训练计划的细化。制订年度训练计划的主要依据是比赛安排，理论上通常分为以下三种类型。

（1）单周期

以全年为一个大训练周期，包括准备期、竞赛期和过渡期。单周期计划由于准备期过于冗长，比赛严重不足，很难把握竞技状态的起伏，因此，只适合特殊情况如出现伤病、队伍或技术出现重大改变而难以在短期内提高的运动队使用。

（2）双周期

全年分为两个大训练周期，包括两个准备期、两个比赛期和两个过渡期，这是最为经典的周期模式。通常上半年、下半年各安排一个比赛阶段，下半年8～9月份是主要的比赛阶段。各阶段根据竞技状态的形成、保持和逐渐消失的规律，分别划分为三个时期，即准备期、竞赛期、过渡期。准备期的主要任务是提高大学生的机能、素质、技术、心理等方面的水平，使大学生的竞技状态初步形成。准备期分为一般准备阶段和专门准备阶段。一般准备阶段主要是发展一般身体素质和掌握技术，负荷逐渐增大，有限增加训练量；专门准备阶段主要是提高专项素质和技术，训练量减少，训练强度逐渐加大。竞赛期的任务是发展专项训练水平，完善专项技术，提高竞赛能力，形成和保持良好的竞技状态，创造良好的成绩。竞赛期负荷趋势是训练量小，训练强度增至最大。过渡期的主要任务是消除比赛所积累的疲劳，促进机体恢复，采用负荷量较小的一般身体训练。

（3）多周期

优秀大学生对每一个阶段的比赛是正常训练状态的一种展示，也是提高强度的一种有效方法。因为竞技状态的形成、保持和消失有必然的规律，个人最佳竞技状态可以在一个赛季出现2～3次，维持的时间通常认为在8～14天之间。应根据目的和个人的实际情况，有选择性地参加比赛，使最佳状态展现在最重要的比赛阶段。目前，高水平大学生的全年负荷基本稳定，负荷量、训练的方法与手段有所变化。

3.小周期和课时计划

（1）小周期

在训练方法中，小周期是年度训练计划中最有用的规划工具，是训练日（课）计划到训练大周期（阶段）计划的过渡环节，它的结构和内容决定了训练的质量。周计划是由数次训练课组成的，持续时间3～10天，是最小和最基本的训练阶段性结构，包含了非常具体的训练目标。根据任务及训练内容的不同，周训练计划可分为基本训练周、赛前诱导周、比赛周及恢复周。

在周训练过程中，要求在完成主要任务的同时，要考虑训练的系统性和各训练周之间的相互衔接。周训练的不同内容及不同负荷要合理交替安排，这样既能使大学生所需要的各种竞技能力得到全面综合的发展，又可避免负荷过于集中而引起过度疲劳。具体的负荷方式因为项目和个人的不同而有较大的差异，现阶段采用3∶1和2∶1负荷范式的居多。

小周期训练计划的制订要注意的问题包括四点：一是目的清晰，围绕大周期、中周期的任务安排训练计划，将任务落实到周计划中。二是负荷的内容要合理交替，训练课之间要有逻辑关系，促进能力和素质的迁移。三是注意训练手段方法多样性的同时，有效使用重要的、专门的手段方法。四是根据负荷性质，安排针对性的恢复措施。

（2）课时计划

训练课是训练计划中最基本的结构单位，课时训练计划是根据周训练计划规定的各个课次的训练任务，并结合当日大学生技能情况、场地器材、气候等实际情况制订的。通常一堂训练课由热身激活的准备部分、实施负荷的基本部分和恢复再生的结束部分组成。准备部分是让机体逐步进入工作状态，并从心理和生理两个方面做好承受计划负荷的准备。基本部分是课的主体内容，按照训练任务及训练内容的安排顺序进行，一般来讲，顺序安排应该是技术、速度、力量和耐力，但不是每次课都包括这四项内容，要根据个人竞技状态和小周期的训练目标考虑安排。其间，运动负荷必须有一次或者几次达到高峰。结束部分要逐渐降低运动负荷量，使机体进入接近安静时的状态。

良好的课时训练效果是完成小周期任务的基本保证。不同训练内容的课特别是强度的变化直接影响周计划的训练效果。比较典型的安排是每周2～3次大负荷的训练，模式一在周三、周六安排大负荷，模式二在周二、周四、周六安排大负荷，其他时间交替安排中、小负荷。这样的安排既能保证比较充分的恢复，又能保证主要训练内容大负荷训练的强度。

目前理论上将课时计划分为单一训练课和综合训练课两种类型。

①单一训练课。单独发展力量、速度或耐力；单独进行技术或战术练习；安排专门的检查、测验、比赛课等。单一训练课的好处是可以集中精力发展某一项竞技能力，改进某种明显的缺点或不足，但综合效果不够理想，能力、素质的良性迁移受到限制。

②综合训练课。将两种以上的内容有机安排在一堂训练课中，如力量与专项技术；体能与专项能力；核心稳定性与灵敏、协调；速度与速度耐力等。这种安排相当于组合训练，将多种训练内容糅合在一起，利于能力之间的转化，以获得良好的综合训练效果。综合训练课要注意两个问题：一是内容的安排顺序要合理，如速度训练在前，耐力训练在后，如果先安排耐受乳酸的训练手段如300～600米段落跑，再进行爆发力练习，就不可能获得好的训练效果。二是每项内容都不宜实施极限负荷，会影响后一个内容的训练，如投掷项目在极限强度的力量训练后，再安排极限强度专项投掷项目，如果次数过多就容易出现受伤的危险。

在适当的体能训练后进行专项训练，可以改善大学生的比赛适应性，提高训练的实战性。在专门的力量训练后安排相关专项技术的训练，可以有效促进力量向专项力量、专项能力的转化。运动技术、战术能力具有相对稳定性，技术一旦被掌握往往会终身不忘，但完成技术动作的效果主要依靠体能状态。神经肌肉系统的精细调控能力、能量供应能力、速度储备等因素直接决定了技、战术的完成效率。具体的安排还要考虑训练需要和负荷特点，如耐力、有氧练习安排在专项训练后就是一个不错的选择。

课时计划的制订要注意的问题包括：目的明确，围绕周计划任务、要求，确定课的内容、方法、手段。注意使用有特异性、直接效果的训练手段，提高课的训练效果。手段多样化，穿插使用辅助性练习，起调节过渡的功效。精细安排负荷强度，把负荷与课的任务、组织、方法结合起来考虑。每周的大强度课次不宜过多，要根据所处的阶段和大学生水平进行安排。注意课后放松，对容易影响完成计划的内容，如状态、伤病、环境、器材等要有应对办法。

二、体能训练计划设计

（一）训练设计的类型和目的

运动训练是一个漫长而复杂的活动。一名大学生从选材开始接受训练，到成为一名优秀的选手，要进行长达数年、十几年的训练。之后维持最佳竞技状态又可以持续数年，耐力项目选手甚至在40多岁仍然可以保持高水平的竞技状态。项目千差万别，有在成人阶段才能达到顶峰的项目，如举重、投掷、长距离跑、篮球、足球、排球、网球等；也有少年项目，如女子体操、艺术体操、蹦床、技巧等，在较小的年龄就可以获得优异的成绩；也存在少年—成人项目，青少年和成年都可以获得优异的成绩，如乒乓球、游泳等。因此，要进行有效的控制，必须进行整体考量和系统训练设计。

1.训练设计的类型

根据目的和时间跨度，可以将训练设计分为下列几种类型。

（1）宏观过程设计

宏观过程设计主要针对大学生的体育生涯进行全过程规划，包括基础训练、专项提高、最佳竞技和竞技保持四个阶段如何有效衔接，各阶段应该分别达到何种水平。理想的宏观过程设计应该更全面一些，包括学习教育和职业生涯，因为这牵扯到大学生的个人发展，要以人为本。好的教育和职业规划既可以解决大学生的后顾之忧，也可以提高训练效果，使大学生奋斗目标明确，全身心地投入训练活动。

（2）中观过程设计

中观过程设计主要是针对1～4年的区间性训练设计，围绕年度和阶段性目标有序安排一般训练内容和专项训练内容。可以选择大周期类型，确定负荷的总体趋向，安排比赛系列，阶段性提高竞技能力，完成预计的成绩指标。中观过程中尤其要重视经验的总结，反思得失，不断优化训练计划。

（3）微观过程设计

对年度课时训练进行细节设计。围绕年度和大周期计划，安排不同类型小周期的序列，把握负荷节奏，尤其要针对各阶段的训练手段、技术动作、强度与量的搭配、训练方法、放松与营养措施等进行精细的考虑和有序的安排，避免出现状态大起大落和疲劳的积累、伤病等影响训练系统性的问题。

2.训练设计的目的

（1）使训练成为一个客观、可控的过程

设计训练计划的依据主要是训练目标和大学生的现实状态。要通过生物力学、生理生化手段，对大学生体能、技能、负荷强度、生理反应等进行数字化诊断，建立数字化的训练体系，便于及时地评估和调整，使训练过程成为一个可以控制的过程。

（2）每个训练阶段都能够达到预期的训练效果

训练是分阶段性进行的，各阶段有各自的目的和主要任务。只要设计合理，目标适当，科学安排负荷，就能够实现预期的训练效果。各阶段训练成效和运动成绩并不是越高越好，而应该在设计控制的范围内。

（3）让个人和集体的状态在重要的比赛中达到顶峰

大学生的状态是有起伏的，要尊重竞技状态形成的规律，通过合理的负荷刺激和有效的监控，促使大学生的机能状态、竞技能力在重要的比赛中达到顶峰。这一点对集体项目尤其重要，所以应该重视集体项目的个性化训练。

（二）体能训练设计的训练学和生理学基础

制订体能训练计划不仅要遵循不同人群的生理特点，还要符合运动训练的客观规律；既要考虑实现训练目标的需要和方法，又必须考虑大学生主观条件和场地、设备的客观条件。专项竞技需要是教师在制订训练计划前应分析和考虑的重要问题。教师在制订训练计划前需要评估大学生的一般体能、专项体能和损伤情况，结合运动项目的生理学和生物力学特征及潜在的损伤风险，根据这些信息制订训练计划，对训练过程进行监控。因此，在制订体能训练计划时必须考虑以下几个方面。

1. 训练目标

体能训练目标的确立可以为训练计划的设计指明方向。如力量训练的目标是增大肌肉体积还是增加最大力量，注重爆发力还是局部耐力、平衡性、协调性和柔韧性的侧重点问题等。因此，体能训练计划的制订应围绕长期与近期、总体与局部相结合的目标进行设计和规划，目的在于通过合理地安排实现预先确定的训练目标。

2. 起始状态

大学生训练的起始状态是运动训练过程的出发点，是竞技状态发生变化提高的基础。以实现大学生竞技状态的转移为依据制订的训练计划必须符合大学生的现实状态，具备可接受性和有效性。可以通过诊断准确地理解起始状态，包括竞技能力、运动成绩和训练负荷。体能状态的诊断与了解是进行体能训练设计最为核心的内容。

3. 自身特点

承担负荷刺激的是大学生个人，个人特点的不同要求训练计划要有针对性。个人的年龄、性别、生长发育状况、生理、解剖特征以及个性心理特点等，在设计训练计划时应该充分地考虑。

4.运动训练的客观规律

在体能训练计划的具体制订过程中，必须依据客观规律进行科学的设计与安排，才有可能取得成功。在训练过程中应该遵循的运动训练规律包括以下几个方面。

（1）竞技状态的形成与周期性发展规律

根据竞技状态的形成与周期性发展规律，能够确定训练周期的结构，进行训练阶段的划分，并据此安排训练负荷与比赛负荷的节奏。

（2）人体对训练的生物适应与变化规律

训练能给大学生以深刻的身体和心理的刺激，并在此基础上产生适应性累积效益，各种竞技能力和能量物质对不同负荷后的身体恢复有特定的规律，应合理地安排负荷节奏。只有科学地实施大负荷训练，才能有效地提高大学生承受负荷的能力，产生有益的生物适应变化。

（3）重大比赛安排的规律

以比赛为核心安排各个训练过程的结构、训练内容、方法和手段等。合理地安排比赛，应以重大比赛为核心，形成大、中、小型比赛交叉安排的比赛序列。在制订计划时，必须考虑各种比赛设置的实际节奏，再考虑自身的情况，合理地确定大学生参加比赛的级别、次数的节奏。

（三）制订体能训练计划的步骤

训练计划的制订过程实质上就是对训练的各个要素进行排序和整合。训练要素在大学生训练的各个时期，其内容、比例和要求是不同的。为了获得最佳竞技状态，要以一种科学有序、合理有效的方式控制训练的各个要素，主要包括项目需求、训练强度、训练密度、训练量、训练手段、训练方法和间歇时间等，充分利用训练干预大学生机体，使其产生生理适应。体能训练计划的步骤具体可分为以下几个方面。

1.需求分析

有效的训练计划必须满足大学生所从事专项训练的需要，满足大学生个人的需要。通过预先了解运动项目特征和大学生的特点，决定如何安排可变训练因素。需要考虑的因素有：项目的能量代谢特征；项目的生物力学特征；比赛特征；大学生的基本目标；大学生的训练经历和损伤情况。

2.体能与竞技能力诊断

了解大学生体能的缺点和优势才能提高体能训练的针对性。体能包括大学生的力量、速度、耐力及功能性动作水平及贮备情况。要想更完整地了解体能状况，需要同时对技能、战术能力、心理能力及运动智能进行诊断和了解。竞技能力的各个构成因素是一个整体，既相互促进，又相互制约。只有详细了解大学生的竞技能力，才能对体能训练了然于胸，尤其要了解大学生在体能上的不足及运动项目对体能的特殊需求。

3.明确指导思想

训练指导思想是在掌握运动训练理论知识的基础上，通过实践经验所形成的对训练过程、周期、负荷包括体能的看法。只有尊重运动训练规律，利用训练规律，才能保证训练的科学性。教师的指导思想对运动训练带来的影响极其深刻和长久，需要体能教师不断了解运动前沿动态，提高科学素养，形成正确的训练思路。

4.进行周期规划

好的计划一定是周期安排合理的计划。周期划分紧紧围绕比赛安排进行，要考虑比赛的需求和大学生个人实际，将比赛看成一个完整训练计划的组成部分。体能训练计划要适应发展的趋势，以多周期安排为主，而且这种短平快式的节奏安排既能使大学生身体机能得到提高，也便于对竞技状态的把握和诊断，阶段性地调整、优化训练方案。

5. 制订完整的训练计划

在上述步骤的基础上，整合各个环节，安排放松手段，设置测评、反馈通路，以便进行阶段性调整、完善体能训练方案，形成完整的体能训练计划。体能训练计划完成后，应该相对固定，可以对一些具体的手段、负荷进行必要的调整。

第六章　大学生速度素质训练

速度素质是体能素质的重要内容，在竞技运动中起着举足轻重的作用，在有些情况下甚至是决定运动成绩高低和比赛胜负的关键。对大学生体能训练进行研究必须对速度素质训练的相关内容进行探讨。

第一节　速度素质概述

一、速度素质的含义

速度是指人体（或身体的某个部位）进行快速运动的能力。它包括三个方面：一是对各种刺激快速反应的能力；二是快速完成动作的能力；三是快速通过某一距离的能力。速度是大学生的基本素质之一，在体能训练中占有重要地位。

二、速度素质的分类

速度素质是人体进行快速运动的一种能力，基本的表现形式有反应速度、动作速度和周期性运动中的位移速度。

（一）反应速度

反应速度是指人体对各种信号刺激（如声、光、触等）的快速应答能力。这种能力取决于信号通过神经传导所需时间的长短，即机体的感受器感受到刺激时，由感觉神经元传至中枢神经，由中枢神经发出指令，经运动神经元传至效应器肌肉，肌肉产生运动。这在运动中又称为反应时，反应时长反应速度慢，反应时短反应速度快。如短跑运动员听到枪声后快速反应并起跑；乒乓球运动员能在 0.15 秒内根据对方的击球动作和击球声音（通过视觉和听觉），非常迅速、准确地判断来球的落点和旋转性能，同时做出相应的技术回击，这就是良好的反应速度的表现。

反应速度以神经过程的反应时间（其中包括感觉时间、思维判别时间和动作始动时间）为基础。反应时间受遗传的因素影响较大，遗传力高达 0.75 以上。另外，反应时间的长短与刺激信号的强度和注意的集中程度与指向有关。

（二）动作速度

动作速度是指人体或人体的一部分完成单个动作或成套动作的快慢以及单位时间内重复动作次数多少的能力。因此，动作速度又分为单个动作速度、成套动作速度及动作速率三种。

动作速度除了取决于信号在各环节中神经传递速度之外，还与神经系统对人体运动器官的指挥能力关系密切。如兴奋冲动强度大，加之传递速度快，协调性好，即指挥的能力强，动作速度必然快。此外，动作速度的快慢还与人体各器官系统的准备状态、快速力量与速度耐力水平以及动作熟练程度有关。

（三）位移速度

位移速度是指在周期性运动中，单位时间内人体快速位移的能力。通常用通过一定距离的时间或单位时间内所通过的距离表示。

位移速度与人的神经过程的灵活性关系密切，神经兴奋与抑制过程灵活性越高，转换能力越强，人体两腿交换频率越高，位移速度就越快。大学生的跑速与其步幅、步频及二者的比例，肌肉放松能力和运动技能巩固程度有关。位移速度也受到遗传因素的影响。在技术动作中，位移速度可分为平均速度、加速度和最高速度。

构成速度素质的反应速度、动作速度、位移速度之间既有联系又有区别。位移速度本身就是由各个单个动作速度和动作速率组合而成的，如途中跑的后蹬速度、前摆腿动作速度、摆臂速度和重复次数的组合。反应速度又往往是位移速度的开始（如起跑）。因此，在发展位移速度时，要考虑三者之间的相互关系。就位移速度而言，反应速度是前提条件，动作速度是基础。

三、速度素质的意义

提高速度素质的主要目的是改善和提高神经系统的灵活性，提高无氧供能能力以及肌肉协调放松的能力。良好的速度素质对其他运动素质的发展具有积极的意义，能为大学生耐力素质的发展提供更大的空间，有助于大学生更好地掌握合理有效的运动技巧。速度素质的意义主要体现在以下三个方面。

（一）速度素质是决定运动成绩的重要因素

在体育比赛中，有些项目比赛的成绩直接受到速度素质的制约，如田径中的短跑、短距离游泳、划船、自行车、滑冰、滑雪等项目本身就比的是大学生快速运动的能力，通过一定距离，用速度的快慢决定胜负。有一些项目虽然本身不是速度比赛，但速度素质对运动成绩有着直接的影响，如跳远比赛，先由快速的助跑产生良好的水平速度，然后大学生要在 0.1 秒左右的时间内完成起跳，将身体抛出 8 米多远；跳高比赛中大学生要在 0.2 秒内完成起跳，将身体腾起 2 米多高；铅球比赛中大学生要在 0.2 秒的时间内发挥全身力量，将铅球推出 20 米以外。这说明动作的初速度决定了这些项目的运动成绩。如拳击、击剑等项目，大学生要在不停地运动中伺机快速出击，既要击中对方，又要进行躲避，防止被对方击中，这就要求快速及敏捷的动作速度。球类运动中的快攻与快防，突然启动，快速改变方向，及时堵、截、抢、断等都要求速度领先一步，方能取得主动。

（二）速度素质是衡量竞技能力的客观依据

速度素质直接反映运动过程中的效果，提供改进技术、提高运动成绩的客观数据。竞技体育技术动作大多要求快速完成，良好的速度素质有助于大学生更好地掌握合理有效的运动技巧。

（三）速度素质训练能够改善人体代谢过程

速度素质不仅能提高大学生的快速运动能力，而且能提高大学生的中枢神经过程的灵活性及兴奋与抑制的转换能力，提高大学生三磷酸腺苷和磷酸肌酸的储存量，促进大学生供能能力的提高，改善代谢过程。

第二节　速度素质训练的影响因素

一、影响反应速度的因素

（一）感受器的敏感程度

感受器越敏感，越能缩短对各种信号刺激的感受时间。感受器的敏感程度在相当程度上受到注意力集中程度与指向以及感受器疲劳程度的制约。如射击时大学生长时间地进行瞄准练习后产生视觉疲劳，反应时就会延长。

（二）中枢神经系统机能

刺激信号的选择性越大，反射活动就越复杂。中枢神经对刺激信号的分析时间主要与中枢神经系统的兴奋性、条件反射建立的巩固程度有关。例如，中枢神经系统兴奋性高时反应时就缩短，疲劳时反应时则延长；如随着动作技能的日益成熟，反应时就会明显缩短。

（三）效应器（肌纤维）的兴奋性

肌肉处于紧张状态时反应时比放松状态要缩短 7% 左右；肌肉疲劳时反应时明显延长。注意力的集中程度、疲劳程度与反应过程的巩固程度对反应速度有相当大的影响。

二、影响动作、位移速度的因素

动作速度与位移速度的主要特点都是通过肌肉系统最大限度地快速活动形式的，在最短的单位时间内完成动作。由于人体肌肉活动的形式与质量受形态、生理、心理、力学、技术等方面的影响，故影响动作速度、位移速度的因素也表现为多方面。

（一）人体形态

人体形态对速度的影响主要在于四肢的长度。在其他条件相等的情况下，上下肢的长度与该部位的运动速度成正比，即上下肢的长度越长，该部位的运动速度就越快。人体四肢的运动形式是肢体关节轴的转动，效应部位（手或脚）离轴心的距离越远，运动速度就越大。进行拳击和击剑练习的大学生的手臂越长，其出拳与出剑的速度就越快；进行径赛练习的大学生下肢的长度也是影响运动成绩的重要因素。所以，运动速度要求较高的体育竞技项目都会将人体形态作为一个重要的选材指标。

（二）肌纤维类型和肌肉用力

肌肉的快速收缩是速度素质的基础。从肌肉的结构来说，人体骨骼肌分为快肌纤维（白肌纤维）、慢肌纤维（红肌纤维）和中间型纤维三种。快肌纤维主要靠糖酵解供能，并具有较高的脂肪、三磷酸腺苷、磷酸肌酸含量，但活动时容易疲劳。人体肌肉块肌纤维百分比越高，快速运动的能力就越强。

良好的肌肉弹性以及主动肌和对抗肌之间的协调交替能力也是实现快速运动、准确完成动作技术的重要保证。关节的柔韧性对大幅度完成动作（如步幅）的作用十分明显。因此，在发展速度（特别是位移速度）的过程中，安排适量的柔韧练习对速度素质的提高有积极意义。

（三）肌肉能量储备与分解合成

肌肉收缩的速度首先取决于肌纤维中动用化学能的速度与强度以及化学能转变为收缩机械能的速度与强度。速度与肌肉中三磷酸腺苷的含量有关，与神经冲动传入肌肉时三磷酸腺苷的分解速度有关。

（四）神经活动过程的灵活性

神经活动过程的灵活性主要指运动神经中枢兴奋与抑制之间快速的转换能力以及神经与肌肉之间的协调能力，人体部位各种形式的快速运动都是神经中枢活动高度协调的表现。只有这种高度协调才能保证在快速运动时抑制对抗肌的消极影响。另外，神经活动过程的灵活性不仅能影响肌肉的猛烈收缩，而且对放松肌肉的能力也有直接作用。大学生在发展位移速度时，如果能充分放松肌肉，就能较长时间维持高速运动。

（五）注意力的集中程度

动作速度、位移速度还和大学生注意力的集中程度有很大关系。注意力的集中程度实际上是一种心理定向能力，这种能力不仅能影响中枢神经系统兴奋与抑制快速转换的速度，而且对肌肉纤维的紧张程度与收缩效果有重大作用。

（六）力量发展水平与技术

在许多运动项目中，力量的发展水平与技术是影响动作速度和位移速度的重要因素。力量是引起人体加速度的原因，力量越大加速度越大，加速度越大，人体运动速度就越快。相对力量越大，肌肉就能越容易在运动中克服内、外部阻力的影响，产生更快速地收缩速度。另外，动作速度和位移速度往往也受技术的影响，大学生的速度能力在很大程度上取决于完善的运动技术。

第三节 速度素质训练的基本方法

速度素质训练包括反应速度训练、动作速度训练和位移速度训练，下面从这三个方面对速度素质训练的基本方法进行分析。

一、反应速度训练的基本方法

反应速度是速度素质表现形式的一种。由于反应速度受遗传因素的影响，因此，它是一个后天练习改变不明显的指标。反应速度实际上是机体神经系统反射通路的传导时间，这种反射通路的传导是人体的纯生理过程，是某一个神经系统受遗传特征决定固有的时间过程。生理学研究证明，纯生理过程在后天不能改变或只能产生极微小的变化。由此可见，源于遗传因素的反应速度，即便通过运动练习也不能改变和提高人的反应速度，运动练习的作用只是将受遗传因素影响所决定的最高反应速度表现出来，并稳定下来。

在运动中，反应速度最终须通过某一部分肌肉工作的形式反映出来。因而，为了能够表现最高反应速度，加强后天的反应速度和肌肉工作形式的练习就有着重要的意义。

（一）简单反应速度的训练

简单反应就是用早已熟悉或掌握的动作，去回答预先已知的，但又突然出现的信号，如对短跑起跑鸣枪的反应等。

1.简单动作反应速度练习的基本原理

（1）简单反应速度存在着转移现象，人们若对一些事物产生的反应较快，那么他们对另一些事物也会有较快的反应。各种各样的位移速度和动作速度练习可以逐步地提高这些简单反应速度，但是简单反应速度并不能影响动作速度和位移速度的发展，因为反应速度与动作速度、位移速度之间的转移是不能逆转的。

（2）简单反应速度与心理素质练习有关。在运动中，大学生对细微时间间隙的感觉（0.1秒以内）越精细，准备辨别这种时间差的能力就越强，就越能将这种准确时间差转移到反应速度上来。

（3）简单反应速度的提高取决于大学生对信号做出应答反应动作的熟练程度。这是由于动作熟练后，一旦出现信号，中枢神经系统无须再花费较多时间去沟通与运动器官之间的反射联系。

2.简单反应速度的训练方法

体育科学研究表明，由视觉到动作反应的时间：大学生平均为0.25秒（0.2～0.35秒），大学生为0.15～0.2秒；由听觉到动作的反应时间（较短）：大学生平均为0.17～0.27秒，大学生为0.10～0.15秒。对于未进行过简单反应速度专门训练的大学生来说，只要对他们进行一般的速度练习，或多种多样的游戏活动及球类或者对抗性的练习等，就可以发展简单动作的反应速度，而且可以获得良好的效果。如果把专项运动所需要的简单动作反应速度提高到一定的程度或较高水平，就需要采用专门的练习手段和方法。

发展简单动作反应速度的方法有以下几种。

（1）变换练习法

变换练习法即根据动作的强度和具体时间变化的信号刺激，明显地改变练习的形式和环境，提高简单动作的反应速度。应用变换练习法还可以辅以专门的心理素质练习，发展简单动作反应速度的练习（比赛的条件、模拟接近测试），这样可以使大学生逐渐适应多变的环境，消除妨碍实现简单动作反应的紧张，避免兴奋的极度扩散。

（2）分解练习法

分解练习法即分解回答反应的动作，使之处于较容易完成的条件下，通过提高分解动作的速度提高反应的速度。例如，蹲踞式起跑时，反应时间要比站立式起跑长，这是因为大学生的手臂支撑着较大的重量，要较快地离开地面有一定的困难。因此，练习时，可先练习对起跑信号的反应速度（高姿势起跑或扶其他物体），而后不用信号单独练习第一个动作的速度。

（3）运动感觉法

运动感觉法即心理素质练习与运动实践相结合的一种方法。运动感觉法的练习可分为三个阶段：第一阶段，大学生听到信号后，用最快的速度对信号做出应答反应（如做 5 米的起跑），并获得实际的时间，以提高大学生的应答反应能力。第二阶段，让大学生自我判断反应时间，并与实际时间进行比较，以提高大学生的时间感觉能力。第三阶段，要求大学生按照预先规定的时间完成某一反应的练习，以提高大学生的时间判断能力。运动心理练习也是提高简单动作反应速度的一个方面，如注意力集中的目标、对等待信号的时间判断、采取合理的动作等，都有助于提高反应速度。

（二）复杂反应速度的练习

复杂反应速度是指对瞬间的（运动、动作）变化做出相应动作的回答。例如，在球类运动（如篮球、排球、足球、羽毛球、网球、垒球、乒乓球等）以及一对一的对抗项目（如击剑、拳击、摔跤、跆拳道、空手道、散打和气道、自由搏击等）中，由于竞争和对抗程度激烈，经常会出现应急而变换动作的情况，因此，对复杂反应速度有着极高的要求。

复杂反应速度在运动中大部分属于"选择"反应。选择反应主要有两种反应形式：一是对移动目标的反应，主要是指对运动客体的变化做出反应；二是选择动作的反应，主要是根据对手动作的变化而作出相应的动作反应。

复杂反应速度的培养是运动技术和战术练习的组成部分，在球类运动和格斗运动项目里显得尤为突出。复杂反应速度的提高，最有效和最主要的方法是在练习中模拟实战演练或整个竞赛活动的情况以及参加测验和比赛。因为对方所产生的变化只有在激烈竞争中才能充分地显现出来，而自己所选择的反应动作是否有效也只有在实战应用中才能得到检验。

发展复杂反应速度的练习方法有以下几种。

1. 移动目标的练习

移动目标的练习，即对移动目标产生应答反应并做出选择反应。在运动中，对移动着的目标做出应答反应需要经过四个阶段：到目标移动或听到信号；判断目标移动的速度和方向；选择应答动作的方案；实现动作的方案。

上述四个阶段组成了运动条件反射的潜伏期。例如，对球类运动中"传球"的反应过程，是由看到球—判断球速、方向—选择动作—完成动作等来实现动作应答反应的。整个反应过程时间为 $0.25 \sim 1.0$ 秒。其中，第一阶段所需时间最长，其他三个阶段的时间要短得多，约为 0.05 秒。因而，强调第一阶段练习，即观察移动物体的练习，对提高人体的反应能力是十分重要的。

快速移动目标练习方法可采用以下两种。

第一，"预料"能力的培养，即培养在视野中预先"观察到"和

"盯住"运动着的物体以及预先推测和确定该物体可能移动的方向、位置的能力。这种能力需要在技术动作和战术动作的练习过程中不断地强化，才能得到一定程度的提高。

第二，有意识地引入和增加外部刺激因素。如在球类项目练习时增加球的数量，采用多球的游戏练习；缩小练习的场地；安排一对二或一对三的练习等。还可以采用带有程序设计装置的练习器和其他专门设备（如排球发球机、乒乓球发球机等）提高大学生在运动中辨别和确定运动物体的能力。

缩短选择动作反应时间，提高反应速度，需要大学生能够巧妙地利用对手可能发出动作的"潜伏信息"。这种潜伏信息是从观察对手的面部表情、身体姿势、准备动作等得来的。实践证明，一旦准确地意识到了对手可能采用的进攻方式，就能准确地选择相应的应答动作缩短反应时间。

2.选择性反应能力的练习

选择性反应能力的练习，即在同伴或对方瞬间做出动作时，迅速地选择和做出应答性动作的练习。要达到这一点，就必须在提高复杂动作反应速度的同时，提高技术动作，培养动作的协调能力。如在格斗练习中，采用防守动作时，对对方的进攻动作做出的选择动作的应答反应。这种选择性反应能力的形成是随着运动技能的熟练性和自动化以及动作技术的常规反应和快速反应的练习而逐步提高的。

3.选择性地练习

选择性地练习，即让大学生随着各种信号的变化，做出相应的与逆反的应答动作。如在练习时，同伴发出向左转的口令，大学生则向右转；或者同伴发出蹲下动作口令，大学生则站立不动；或者在跑动中听哨音，变化着继续向前跑、向后转跑、转身360°跑等事先规定的相应动作。这种练习动作简捷、易做，但要求大学生注意力高度集中、反应快。

总之，要有目的地发展复杂反应速度的练习，就要让大学生多模拟运动中易产生的这些复杂反应的条件和类似的形式，通过反复适应，促使反应时间缩短。由于运动中的复杂反应速度的转移范围相当广泛，因而可以采用多种形式的练习。

二、动作速度训练的基本方法

动作速度是速度素质的表现形式之一。人们所观察到的运动的某一部分或动作的某一环节表现出来的速度，实际上是由力量、协调、耐力、技术等因素以及速度素质决定的。所以，动作速度的练习与其他运动素质的练习和技术练习有着密切的联系。也就是说，动作速度的培养必须有目的地发展相应的运动素质和运动能力，这也是动作速度练习的特殊之处。

由于速度素质不易转移，因而在动作速度的练习中，不同的练习要求，动作速度练习的具体任务和内容也就有所不同。例如，在非周期性速度力量项目练习中，动作速度主要是在具体的技术动作中表现出来的（如举重的发力、跳跃的蹬地等）。在这类项目中，动作速度负重与速度力量能力的培养任务是一致的。如果负重的重量越重，速度的练习与力量的练习之间的联系就越紧密，动作速度与技术动作之间的关系也更密切。另外，在周期性项目和综合性动作组成的项目中，需要多次在高速度的情况下完成多个单个动作的综合。因而，动作速度与速度耐力的培养任务是联系在一起的。而在一些并不直接依赖极限速度的项目中（如球类项目），也需要动作速度在其他能力发展的同时得到提高，这既是动作速度水平提高的前提条件，也是提高动作速度能力的重要保证。

提高动作速度的练习方法很多，针对实践活动的需要，介绍以下几种有效的练习法。

（一）减少阻力的练习法

减少阻力的练习法，即减少外界自然条件阻力和人体本身重阻力的练习。例如，利用风力进行顺风骑车、顺风跑、顺水游泳等，利用自身的动作惯性转移到速度的外部条件进行下坡跑、下坡骑车等。在克服自身体重的练习中，可采用助力来减缓身体的重量，帮助大学生完成技术动作的动作速度，如体操动作的（外部）助力或保护带的帮助等，但在助力与帮助时，需要把握好助力、帮助的时机和用力的大小，有利于达到动作速度的要求。

（二）加速度的练习法

在体育运动中，加速度不单指物体运动速度大小的变化，还包括物体运动速度方向的变化等。如 100 米从起跑到途中跑阶段为跑的加速阶段，助跑跳跃的踏跳速度和举重的发力的动作过程等，都显示出大学生的动作速度和运动速度发生了明显的变化。为了促进运动速度和动作速度的不断提高，许多项目已把加速阶段的练习列为主要练习内容，并作为发展速度的重要练习手段。

（三）负重物的练习法

由于运动中动作速度与力量水平有着极为重要的关系，因而，发展动作速度需要与发展力量结合起来。通常在运用举重物做专门性动作速度练习时，重物的重量应比培养单纯力量和速度力量时的重量要轻一些。为了使速度力量和速度能同时产生影响，可以把各种负重和不负重的专门练习结合起来进行练习。但是，有些比赛中的专项动作则无须附加重物，即一种以专项力量和速度是同时出现的动作形式。因此，当采用专项动作本身作为练习手段时，一般不负重，这样可使专项力量和动作速度有机地结合在一起，使得动作速度在体育比赛中完美地展现出来。

（四）巩固技术的练习法

动作速度的提高，在很大程度上取决于已熟练掌握的运动技术。这是因为动作幅度的大小、工作距离的长短以及运动的方向、工作的时间、动作的路线、角度和用力等都与动作速度的大小密切相关。所以，采用已巩固和熟练的动作完成动作时，大学生可以不考虑这些因素，而将精力集中在完成动作的速度上，轻松、协调地发挥动作的水平。

（五）利用后效作用的练习法

利用后效作用的练习法，即利用动作加速及器械重量的变化所获得的后效作用提高动作速度的练习。也就是说，在完成上一次负重量的动作影响下，可以使动作速度暂时得到提高，如在跑步前先负重跑，跳高前先负重跳，推铅球前先加重铅球推等。这是由于在第一次动作完成后，中枢神经的"兴奋"仍保持着运动指令，可大大缩短下一个动作的时间，提高动作的速度。这种后效作用的产生取决于负重量的大小和随后减轻的情况以及练习重量的数量和采用的标准练习交换的次序。例如，在短跑练习中正确的顺序是上坡跑—水平跑道跑—下坡跑；推铅球的正确顺序是加重—标准—减轻，这种练习安排都是由后效作用所决定的。

（六）体育游戏的练习法

体育游戏的练习法是以愉悦身心、增强体质、陶冶情操为目的的一种游戏方法，由于在平常练习时，速度练习的时间短，运动员机体能表现出最大速度并不容易，而采用体育游戏的练习法可以激发大学生高涨的情绪，同时，由于游戏过程中能够引起各种动作的变化，表现最大速度的可能性就会增加。例如，"迎面接力"，发展速度，培养团队精神；"二不成三"（贴膏药），发展反应、躲闪及奔跑能力等。

三、移动速度训练的基本方法

移动速度在某种意义上说是一种综合运动能力的表现，它与大学生的力量性、柔韧度、速度耐力和协调性等有着极为密切的关系。

发展移动速度可采用以下几种方法。

（一）发展力量练习法

发展力量是练习移动速度的基本途径之一。力量练习的目的是提高大学生的速度素质，但最终的目的是将大学生所获得的力量和速度素质用到提高移动速度上。在力量练习中一般应注意以下几点。

第一，力量练习能使大学生的力量素质得到全面、均衡地发展。

第二，力量练习要求大学生以较快的速度重复一定负重的练习，以获得速度力量储备，继而促进移动速度的提高。

第三，力量练习是培养大学生预防运动损伤和自我保护的能力，强调科学、安全的练习。

第四，发展基本力量的练习采用适中的强度（约40％～60％的强度）进行快速的重复（负重）练习，使大学生的肌肉力量和肌肉横断面增大；或者采用极限、次极限负荷的练习也能发展移动速度。

第五，力量练习应侧重速度力量的发展，一般可采用超等长的力量练习，如立定跳远、单足跳（跳上跳下台阶）、跳深等。

在力量练习中，若要将力量的提高转化到移动速度上，通常是在力量练习负荷减少后出现的。力量向移动速度的转化大约需要2～6周的时间，例如，跑步练习阶段的情况有：第一，在跑的时候要感到有一种贯穿全身的力；第二，跑动中要富有弹性感；第三，跑起来要有一种有力的跨度感；第四，跑后肌肉酸痛感有所减轻。也就是说，这个阶段的练习，只有在以上几种情况出现后才能实现力量向移动速度的转化。

（二）重复练习法

重复练习法是移动速度练习方法之一，即以一定的速度，多次重复一定距离的练习，也是移动速度练习的基本方法之一。采用重复练习法时一般要注意以下几点。

1. 练习强度

练习强度是练习负荷的主导因素，也是提高大学生快速移动能力的有效手段。如采用90％～100％的强度进行速度练习时，大学生需要高度集中注意力，以最大限度地动员肌肉力量，使得动作幅度大、频率快，并达到最高的速度水平。移动速度练习也不局限于最大强度和接近最大强度的练习，有时还可以采用85％～95％的强度进行练习，这种练习不仅可以保持三磷酸腺苷的供能，延长练习时间，预防学生过早出现疲劳或产生损伤，而且还有利于改进和巩固技术动作，防止速度障碍的出现。在练习中，练习的强度并非一成不变的，有节奏、合理地变换练习强度，不仅可以提高力量速度，而且有助于轻松自如地完成动作，避免动作速度恒定在同一水平上。

2.练习持续时间

移动速度的练习时间与其他练习要素一样，练习的刺激持续时间也应达到最佳化。一般最低持续时间应从启动到加快至最高速度所需的时间。如果持续时间过短，未能达到最高速度，其练习的功用只是改善了加速度过程，而并非获得了最佳速度效果。通常改善和提高绝对速度练习的持续时间一般在 5～30 秒，例如，在 20 秒以内的短时间练习时，人体无氧代谢主要靠腺苷三磷酸和磷酸肌酸直接分解供能，所以不会出现运动能力过分降低的现象。因此，速度练习持续的时间还是要根据运动的项目和大学生的具体情况等确定。如果练习中出现疲劳，运动能力下降，不能继续保持最大速度的状况，则应终止练习或休息调整。

3.重复练习的次数和组数

与耐力素质练习相比，移动速度练习所消耗的总能量要低一些，但单位时间内消耗的能量远比其他练习形式的练习要高得多，这也是移动练习时大学生较快地出现疲劳的原因。由此可见，移动速度练习的重复次数不能过多。为了保证有效的练习时间，可以适当地增加练习组数。

4.练习的间歇时间

运动中的间歇时间应以大学生机体相对达到完全恢复的状态为原则。也就是说，能够使大学生在下一次练习开始时，中枢神经系统再度兴奋，机体的功能变化得到中和，以适应每一次练习的物质供能。通常间歇时间的长短与大学生的练习强度、身体状况和练习持续时间等有关。一般来说，练习持续时间短，休息时间相对也短；练习持续时间长，休息时间相对也长。例如，练习持续时间约为 5～10 秒，每次间歇时间约为 40～90 秒，组与组之间的休息时间约为 2～5 分钟。间歇时可以进行放松、伸展、按摩等恢复性的活动，为后续练习创造适宜的条件。

（三）综合性练习法

综合性练习法是移动素质练习方法之一，也是若干练习方法的综合运用。常用的综合性练习法有循环练习法和组合练习法等。综合性练习法可以改善练习的整体效能，灵活地调整练习负荷与休息，逐步地提高大学生的运动素质、速度能力和技术动作。

练习时，一般可采用以下程序。

第一，肌肉建设性练习，主要采用40％～60％的强度多次重复负重练习，使肌肉力量和肌肉横截面持续增大。

第二，肌肉内协调性练习，使肌肉用力时能够最大限度地动员更多的肌纤维的同时强力收缩。通常可采用75％～100％的大强度练习法以及跳深、负重物蹲跳等练习。

第三，"金字塔式"练习法，即肌肉建设性和肌肉内协调性二者兼顾的练习。

第四，柔韧素质练习，生理学研究证明，柔韧性提高后可以增加力的作用范围与时间，导致运动速度增加，同时能使肌肉协调性得到改善，从而减少肌肉阻力和增大肌肉合力。因此，经常采用发展髋关节柔韧性的体前屈，弓箭步肩后仰、转髋走以及胶皮带抬腿送髋等练习，对移动速度的提高具有积极的作用。

第五，改进技术动作，发展移动速度。移动速度的提高在很大程度上取决于完善的技术动作。如技术动作的幅度与半径的大小，工作距离的长短，运动时间的多少等都与移动速度快慢有关。只有掌握了合理的技术动作，轻松自如地完成动作，消除多余的肌肉紧张，才能够充分地发挥速度水平。

第六，采用设置若干练习点（每个点用不同的练习手段）进行循环练习，是当今世界时尚体育练习的主要方法之一，也是发展动作速度和移动速度的有效手段。

（四）发展步频、步长的练习法

通常步长和步频是影响跑动中移动速度的两个主要因素，只有将高频率和大步幅融合到跑动中，才能表现出高水平的移动速度。而影响步长和步频的共同因素则是力量的协调性。其中，影响步频的因素有肌纤维的类型和神经系统的灵活性；影响步长的因素有柔韧性、后蹬技术以及腿长等。需要指出的是，柔韧性和后蹬技术通过练习可以得到明显改进，而腿长、肌纤维类型、神经系统灵活性则主要取决于遗传。遗传因素通过后天的练习只能发生极微小的变化。因而，对一般的大学生来说，如果步频不太理想，加大步幅也是提高移动速度的有效途径。

第四节　速度素质训练的注意事项

一、速度素质训练的一般注意事项

速度素质的发展受多种因素的影响，为了有效地提高人体的快速运动能力，在练习中必须注意如下事项。

（一）合理安排速度训练的顺序与时间

各种身体素质及运动能力之间具有相互联系、相互促进和相互制约的关系，在发展某一素质的同时，都会或多或少，或直接或间接地引起其他素质的变化。因此，发展速度素质时应处理好同其他素质的关系，合理安排练习的顺序，使得素质间互相促进和良性转移。

在速度练习中，通常使用发展力量的手段促进速度的提升，但是静力性力量练习，由于动作缓慢，会降低神经过程和肌肉活动的灵活性。而速度素质要求神经过程的灵活性高，兴奋与抑制迅速转换，肌肉收缩轻松协调。因此，速度练习应放在力量练习之前进行，力量练习也应以动力性力量为主。在力量练习过程中，大学生应交替安排一些轻松、快速的跑跳练习或一些协调性和柔韧性练习，这对发展大学生速度素质十分必要。

速度素质练习的时间应安排在大学生身心状态最佳、精力最充沛的时候进行。因为人体疲劳后神经过程灵活性降低。兴奋与抑制的快速转换不可能建立，在这时发展速度素质效果不好。

（二）速度素质训练与专项技术相结合

体育科学研究人员发现，速度类练习对本身练习之外动作速度发展的迁移效果较低，也就是说，速度练习只是更多地局限于诱发练习动作本身的速度能力。因此，速度练习需要结合专项技术动作要求进行，具有较高的专门性。动作速度训练应与各专项的技术相结合，让大学生在速度训练中能感觉到躯干等各部位的协调配合及在空间、时间方面的速度节奏，发展专项技术所需要的动作速度的能力。

（三）保证大学生体能训练的环境安全

必须保证训练环境的安全，速度训练前进行充分的准备活动，保证速度训练后的充分休息和身体恢复。速度练习中的负荷对大学生的肌肉、肌腱和韧带提出了很高的要求，因此，运动损伤发生的潜在危险性很高。所以对任何速度的练习来说，在比赛或训练前认真进行专门的准备活动是最基本的要求。此外，在早晨的训练时间里应该注意不要安排最大强度的速度练习。如果肌肉出现疼痛或痉挛等迹象，训练的原有负荷就应该停止。在气温较低的天气里，应当选择恰当的服装（径赛服），还应该采用按摩和放松练习等训练手段，如果在皮肤上涂擦强力的物质促进血液循环，必须使用经过有关医疗卫生部门批准的物质。最后，还需要在保障场地设施安全的条件下进行速度训练，注意穿透气良好、宽大的运动服和适宜的鞋袜。

（四）从体能训练者的实际情况出发

训练内容的安排要充分考虑大学生训练水平和身体状态的可接受程度，在速度练习之间要保证大学生身体疲劳完全恢复。注意采用正确的技术动作和练习内容之间循序渐进的衔接顺序，先慢后快，先易后难。

人体适宜的工作状态对发展速度素质是十分必要的，其中包括神经系统的适宜状态，内脏系统的适宜状态和肌肉系统的适宜状态。大学生注意力集中，可使神经系统处于适宜的兴奋状态，并使肌肉保持一定的紧张度。而强度较小并保持一段时间的活动能提高中枢神经系统功能，使内脏系统与肌肉系统间形成适宜的相互关系，对改善肌肉内协调性有良好的作用。

（五）速度能力与其他能力协同发展

力量特别是快速力量和柔韧性是影响速度素质的重要因素，所以在发展速度素质中，应先注意发展快速力量。如采用中小强度多次重复快速负重练习，使肌肉横断面和肌肉力量增大，并提高肌肉活动的灵活性；适当采用大强度练习，使肌肉用力时能够最大限度地动员更多的肌纤维同时进行收缩，提高肌肉的收缩功效。柔韧性提高后可以增加力的作用范围和时间，同时能使肌肉内协调性得到改善，从而减少肌肉阻力和增大肌肉合力，最终提高运动速度。

大学生整个身体或某些关节的运动速度是实现理想运动成绩的决定性因素，而运动项目所要求的最佳运动速度常常由关节协同发力产生，但是速度和力量并不同步发展。在一些速度能力起决定性作用的运动项目训练中，较早地进行技术动作的速度训练是很重要的，但是这些训练不一定必须遵照基本的技术模式。在一些项目中，速度与体能训练有密切联系，因为速度可能与耐力、力量和灵活性紧密相关。而且，速度训练还可能与复杂的技术训练有关，因为速度训练需要针对项目的专门要求安排，此外，根据项目中所参与的有关力量、耐力和灵活性以及项目所要求的最佳/最大速度和关节运动速度变化之间的协同配合程度的不同，要求也会有所不同。

二、各类型速度素质训练的注意事项

（一）反应速度素质训练的注意事项

1.动作熟练程度

反应速度的提高主要取决于大学生对应答信号的熟练程度。在运动中，对于动作娴熟、运用自如的大学生来说，一旦信号出现，就会立刻做出相应的反应动作。反之，则会做出迟钝的反应动作。这是由于感受器受到信号刺激，中枢神经无须再花费较长时间去沟通与运动器官的反射联系。因而，要提高反应速度的最好方法就是反复多练。但在反复练习中，需要经常不断地变化练习刺激的时间和强度等因素。

2. 集中注意力

在运动中，保持注意力集中，可使神经系统处于适宜的兴奋状态，并使肌肉收缩处在待发状态。实验证明，肌肉处在待发状态时，要比肌肉处于松弛状态的反应速度快 60% 左右。这里所说的注意力主要反映在完成的动作方面以及缩短反应潜伏期的时间。

3. 掌握多种技能

反应速度的练习需要结合实际需要进行练习。如练习短距离起跑时，主要是练习听觉—动觉的反应速度，可采用"声"信号刺激提高这种反应能力。如格斗类项目动作复杂多变，这就要求大学生能在瞬间对各种复杂多变的条件做出迅速反应。为了达到这一要求，可多模拟实战演练或比赛的情况。因为格斗时对方所采用的动作变化只有在激烈的对抗中才能充分地显现出来，而反击对手的应答动作是否有效，则需要在对抗中得到检验。

（二）动作速度素质训练的注意事项

1. 采用的动作应是熟练掌握的

采用已熟练掌握的练习动作，可以使大学生在完成动作时，无须将精力放在如何完成动作上，而是将精力集中在完成动作的速度上，以提高动作速度的练习效果。

2. 掌握好练习的间歇时间和休息方式

由于练习动作速度强度比较大，因此要求大学生必须有较高的兴奋性。为了保证整个练习过程不因疲劳而降低运动的强度，并达到预定的练习效果，就需要严格掌握练习的间歇时间和休息方式。因为休息间歇的持续时间决定着中枢神经系统兴奋的转换和与氧债的"偿还"有密切关联的植物性功能指标的恢复。

3. 动作速度练习需要与练习项目相似

动作速度仅仅是提高水平速度的平行运动，而旋转动作速度则是物体围绕一个轴或点所做的圆周运动。只有将二者有机地结合起来进行练习，才能达到预定的练习效果。例如，球类运动的反应练习可将视觉与四肢运动结合起来，格斗运动应将判断对手的动作与自己的攻防动作结合起来。通过简化条件的反复练习，既可以提高反应速度和动作速度，又可以掌握正确的技术动作，并协调速度的运用。

（三）移动速度素质训练的注意事项

1. 防止和克服速度障碍

当移动速度发展到一定水平时，由于神经、肌肉系统等达到一定高峰后，在练习中积累、形成的步频、步幅、技术、节奏等就会产生相对稳定的状态或动力定型，继而出现移动速度停滞，阻碍其继续提高的现象，从而出现速度障碍。产生速度障碍的客观原因是从运动技能形成规律上说的，技能动力定型的形成使得大学生在已掌握技术动作的空间特征上固定下来，在时间特征上稳定下来；从技能形成的机制上讲，神经过程的灵活性对速度练习的作用比其他练习显得更为重要，而神经过程的灵活性练习难度很大。从能量供给上讲，肌肉收缩所需要的能量值的立方与肌肉收缩的速度成正比；从运动医学上讲，人体向前移动所克服的阻力与其前进的速度平方成正比。在练习中，防止和避免速度障碍应注意以下几点。

（1）强化运动能力，发展全面身体素质，使大学生掌握好基本技术动作，提高机体的活动能力。

（2）发展肌肉力量和弹性，培养大学生轻松自如、准确协调地完成动作的意识。

（3）练习手段要多样化，尤其要多采用一些发展速度力量的练习手段，以变化的频率、节奏完成动作，建立中枢神经系统灵活多样的条件反射。

（4）采用极限速度练习，安排适中的运动负荷。在极限速度练习后，要使肌肉得到一定的放松，这样做不仅可以尽快地恢复机体的活动能力，还可以促进纤维工作同步化和肌肉工作的协调性。

（5）采用减少外部阻力的练习，为了防止和避免速度障碍的形成，训练中可以通过变换练习方法或增加一些能够产生运动过程兴奋的练习内容。因为多次重复新的刺激能使大学生产生新的动力定型，如减少外部阻力的下坡跑、牵引跑、顺风跑等练习。

2.预防和克服心理障碍

心理障碍是妨碍大学生发展快速移动能力或潜力的主要因素之一。如认为对自己的成功与否难以预测，自信心较弱；消极思维导致过度紧张和焦虑，感觉提高成绩是不可能的事。

要克服心理障碍应做到以下几点。

（1）激发大学生顽强拼搏、奋勇进取的勇敢精神和坚定的信心，并设置适宜的目标。

（2）可在练习中有意识地安排一些接力跑、集体游戏等练习内容，激发大学生在练习中发挥快速移动的能力。

（3）在练习中有针对性的采用一些竞赛活动，通过斗智、比速度、比技术、比成绩，激励大学生的高昂斗志和运动动机，使大学生在竞争中充分地发挥速度水平的潜力。

（4）在练习或测验、考核、比赛中，可采用"让步赛"的活动形式，即强者让出一定的优势给弱者，促使大学生尽量地发挥最快的速度水平。

3.注重肌肉放松的练习

肌肉的放松对速度的提高有着极为重要的作用。这是因为肌肉放松、张弛有度能够减少肌肉本身的内阻力，增大肌肉合力，促进血液循环旺盛。生理学研究表明，当肌肉张度达到 $60\%\sim80\%$ 时，严重阻碍血液流动，动作协调性严重失控，已具备的快速能力将无从发挥，而肌肉放松时，肌肉中的血流情况则大为改善，比紧张时提高 $15\sim16$ 倍。由于血液循环旺盛，能够给予参加活动的肌肉输送大量的氧气，节省能源物质，使得机体储备有限的 ATP 得到合理地利用，有效地增加肌肉收缩的速度。

第七章　大学生耐力素质训练

耐力是评定大学生体能素质水平的重要指标之一，从事任何运动项目的训练和比赛都需要具备一定的耐力水平。因此，各高校教师应该对提高高水平大学生的耐力素质给予高度的重视，同时在一般的体育课教学中，也应将耐力素质作为重要的环节进行训练。

第一节　耐力素质概述

一、耐力素质的概念及分类

（一）耐力素质的概念

耐力素质是指人体在长时间工作或运动中克服疲劳的能力，它是反映人体健康水平或体质强弱的重要标志之一，在人体体能素质中发挥着极为重要的作用。在各项体能素质中，各个素质之间并不是独立存在的，耐力素质可以与其他素质，如力量、速度、柔韧度等素质相结合，形成机体的力量耐力和速度耐力。

人体在长时间运动后会产生疲劳，从而造成机体工作能力暂时性下降。这是一种正常的生理现象，机体进行长时间的工作，会使体内的能量物质大量消耗，在得不到及时补充的情况下，必然会产生疲劳。但是，疲劳又是提高机体工作能力所必需的，它是机体机能恢复与提高的刺激物，因此，提高耐力素质对体能的发展和人体克服疲劳的能力非常重要。

通常可以将疲劳分为智力上的疲劳、感觉方面的疲劳、感情上的疲劳及体力上的疲劳等。而在大学生运动训练的过程中，大部分是由运动带来的肌肉活动而产生的体力上的疲劳，这是训练的必然结果。当产生运动疲劳后，机体的运动能力会随之下降，运动的时间长短也会受到影响，所以疲劳又阻碍了大学生运动训练的发展。因此，大学生必须在运动训练过程中克服自身的疲劳。大学生这种克服疲劳的过程也恰好反映出了他们所具备的耐力水平的高低。

（二）耐力素质的分类

不同的运动项目对机体体能的要求都不同，而耐力素质作为体能素质中重要的身体素质之一，在各种运动项目中，同样有着自己不同的要求和标准。

机体耐力素质可以按照以下标准进行分类。

1.按运动时间分类

（1）短时间耐力

通常可以将运动持续时间在45秒至2分钟的项目所需的耐力称为短时间耐力。完成这类运动项目所需的能量大多是通过机体的无氧代谢过程提供的，通常在机体运动过程中，短时间产生较高的氧债。而这类运动的运动成绩受机体力量与速度耐力素质的影响较大。

（2）中等时间耐力

通常可以将运动持续时间在2~8分钟的运动项目所需的耐力称为中等时间耐力。完成这类运动项目的负荷强度一般要比长时间的耐力项目的负荷强度要大。通常机体在运动过程中，氧不能完全满足机体的运动需要，会在运动过程中产生一定的氧债。造成这种情况的原因是无氧系统与运动速度成正比。

（3）长时间耐力

通常可以将运动持续时间超过8分钟的运动项目所需要的耐力称为长时间耐力。这类运动项目的整个过程都是由氧系统进行供能的，对机体的心血管和呼吸系统进行高度动员。通常在机体运动过程中，大学生的心率可到170~180次/分钟，心排血量可达到30~40升/分钟，脉通气量可达到120~140升/分钟。

2.按肌肉工作方式分类

（1）静力性耐力

通常将机体在长时间的静力性肌肉工作中克服疲劳的能力称为静力性耐力，它在射击、射箭、举重的支撑、吊环的十字支撑等项目中都有所体现。

（2）动力性耐力

通常将机体在长时间的动力性肌肉工作中克服疲劳的能力称为动力性耐力，它在长跑、滑雪、游泳等运动项目中都有所体现。

3.按身体活动分类

（1）身体部位的耐力

身体部位的耐力主要是指机体的某一身体部位在进行长时间运动时，克服疲劳的能力。例如，机体在对上肢或下肢进行较长时间的反复力量训练，使被练习部位的肌肉出现酸胀、疼痛的感觉，如果继续训练，该部位就会出现肌肉活动困难的现象，这种克服肌肉疲劳的能力表现就是身体部位耐力水平的表现。在体能练习中，这种局部耐力水平的提高取决于一般耐力发展水平的高低。

（2）全身的耐力

全身的耐力主要是指整个身体机能在运动训练中，机体克服疲劳的综合能力。它可以反映机体的综合耐力水平。

4.按运动项目耐力分类

（1）一般耐力

一般耐力一般是指机体多肌群、多系统长时间工作的能力。不管运动项目的特点如何，拥有良好的一般耐力是达到各种训练要求的基础。但是，由于一般耐力是不同形式耐力的综合表现，对不同的运动项目来说，对它也有不同的要求。因此，在进行一般耐力训练时，应充分考虑一般耐力与专项耐力之间的关系。

（2）专项耐力

专项耐力是指机体为了获取专项成绩，最大限度地动员机能能力，克服专项负荷所产生的克服疲劳的能力。专项耐力会根据运动项目的不同表现出不同的特点。例如，短距离跑、蹬自行车等项目的专项耐力需要有保持较长时间高速度的速度能力；举重、摔跤、拳击、体操等项目的专项耐力都需要力量性的力量耐力和静力性耐力；球类项目的专项耐力需要在较长时间内保持带有大量极限强度动作（快速移动、进攻、防守、打击）的抗疲劳的能力。通常专项耐力的训练，机体会承载较大的训练量和负荷强度，并且会随着不同训练阶段的变化，而使身体训练、技术训练的负荷总量有规律地增长。在专项耐力的训练过程中，机体还会建立一定的专项耐力储备，促使机体更好地完成专项训练任务。

二、耐力素质的评价指标

机体的耐力素质对很多项目的运动成绩具有极为重要的影响，而对耐力素质的评价，可以通过一定的评价指标进行评定。例如，一般耐力的评定指标通常是以机体持续完成运动的时间或距离进行评定的，常用的方法是耐力跑的时间或 12 分钟跑的距离；而有氧耐力通常以个人的最大吸氧量和无氧阈为评定指标。无氧耐力一般则以无氧性运动的成绩结合血乳酸浓度的变化为评价指标加以评定；肌肉耐力是依据肌肉完成规定强度的练习次数、平均做功能力或者表面肌电信号平均功率频率变化斜率等物理和生理指标进行检测与评价。需要指出的是，这些评价指标也会随着耐力的不同分类而发生一些变化。

第二节　耐力素质训练的影响因素

一、生理因素

（一）影响有氧耐力的生理学因素

1. 氧运输系统的功能水平

机体的呼吸、血液和循环组成了整个氧运输系统，这一系统起到了为机体运输氧气、营养物质和代谢产物的作用，这也是有氧耐力水平的决定性因素。其中机体血液的载氧能力和心脏的泵血功能是决定机体氧运输系统的功能水平的重要因素。机体中血液的载氧能力受血液中血红蛋白含量高低的影响，通常情况下，机体中1克血红蛋白可以结合1.34毫升氧气，血液中的血红蛋白含量越高，血液结合的氧气就越多，其载氧量就越高。研究发现，一般成年男性每100毫升血液中血红蛋白含量约为15克，每100毫升血液中血氧容量约为20毫升，而女性和少年儿童血液中的血红蛋白和血氧容量都要略少于成年男性。在一些耐力项目优秀的大学生中，其血液中的血红蛋白含量可以达到每一百毫升血液中含16克血红蛋白，比一般成人和其他项目的大学生都要高，正因如此，其血液的载氧量也会超出一般人。机体的最大心排血量（即心脏每搏量与心率的乘积）是心脏泵血功能水平的重要表现。机体的最大心排血量越大，外周肌肉组织单位时间内获得的血流量越多，氧气的运输量也越大。一般优秀的耐力项目大学生的心室腔容积和心室壁厚度都要比非耐力性项目大学生和一般人要大，并且他们心脏每搏的输出量可以达到150～170毫升，而普通成人则大多只能达到100～120毫升。此外，拥有优秀耐力的大学生的心肌收缩力也会比非耐力性项目大学生和一般人要大，运动时心率即使高达200次/分钟，心排血量仍不减少。

2.骨骼肌利用氧的能力

人体的肌肉组织可以从流经毛细血管的血液中摄取。生理学研究表明，肌肉中的肌纤维类型和它的有氧代谢能力会对肌肉组织摄取氧气的能力产生直接的影响。肌肉中的Ⅰ型肌纤维比例越高，有氧代谢酶活性就越高，而肌肉组织摄取氧气的能力也就越强。一些优秀的耐力型大学生都具有这些特点，他们通常具有较高的慢肌纤维百分比，线粒体数量多，有氧氧化酶活性高，毛细血管分布密度大，这些都使他们的肌肉具有很强的氧气摄取能力。

同时，能够对人体骨骼肌运动时的氧利用能力进行整体反应的还有无氧阈。以无氧阈的最大吸氧量相对值表示法为例，其比值越高，反映肌肉的氧利用能力就越强。通常情况下普通成年人的无氧阈最大吸氧量在 65％左右，而一些优秀的耐力型大学生的无氧阈最大吸氧量可以达到 80％以上。

3.神经系统的调节能力

大学生在进行耐力运动训练时，对其神经系统提出了较高的要求。它需要大学生的神经系统能够保持长时间的兴奋状态和抑制节律性转换，并且能够使机体的运动中枢和内脏中枢之间进行协调活动，以实现保持肌肉收缩和舒张的良好节律以及运动器官和内脏器官活动之间的协调和配合。经研究，机体神经系统的调节功能可以通过耐力训练进行有效的改善，并通过改善，使机体更能适应耐力运动训练的需要，这一点也是耐力型大学生能够坚持长时间运动的生理学原因之一。

4.能量供应及其利用效率

实践训练研究发现，机体中肌糖原含量不足，其耐力性运动训练成绩会受到明显的影响；反之，机体拥有充足的肌糖原储备、并且对有氧氧化产生的能量进行有效的利用、节约肌糖原利用以及提高机体中脂肪的利用比例等，都能使机体的耐力水平得到有效的提高。

机体的能量利用效率是机体在单位耗氧量条件下的做功能力。通过对耐力性大学生运动训练的研究，发现多数的耐力型大学生产生的运动成绩差异，有 65％是由于机体能量利用效率的不同而造成的。

(二) 影响无氧耐力的生理学因素

1.骨骼肌的无氧酵解供能能力

肌糖原的无氧酵解为机体的无氧耐力提供主要的能量，而机体中肌纤维百分构成和糖酵解酶催化活性会直接对肌糖原的无氧酵解供能产生影响。通过对不同代谢性质运动项目大学生身体结构的研究，可以发现经过这些不同项目的运动训练后，大学生之间的肌纤维百分构成和糖酵解酶活性会出现较为明显的变化。

2.对酸性物质的缓冲能力

由于肌肉糖酵解过程中会产生大量的 H^+，它们会大量积累在肌细胞内，并且会向血液扩散，造成机体肌肉和血液中酸性物质增加，对机体细胞内和内环境的理化性质造成一定干扰。在人体肌肉和血液中，会存在一些中和酸性物质的缓冲物质，它们是一种由弱酸以及弱酸与强碱生成的盐按一定比例组成的混合液，其主要作用就是缓冲酸、碱物质，保持体内 pH 值的相对恒定。经研究发现，一些耐力型大学生的耐酸能力要比其他类型大学生强很多，大学生可以通过无氧耐力训练提高自身的耐酸能力，进而提高自己的无氧耐力水平。许多人认为，机体在运动训练过程中之所以其耐酸能力增加，是由于"酸性物质引起的心理不适感"得到了强化。

3.神经系统对酸性物质的耐受能力

虽然机体内酸性物质的快速积累，会通过肌肉和血液中的缓冲物质得到缓冲，但对于肌肉和血液的 pH 值向酸性方向发展却无能为力。通常情况下，人体在安静的状态下，其血液的 pH 平均值为 7.4，骨骼肌细胞液的 pH 值为 7.0 左右。但是，当机体进行相对剧烈或长时间的运动时，其血液和骨骼肌细胞液的 pH 值均可能出现明显的降低。血液的 pH 值可能会降至 7.0 左右，骨骼肌细胞液的 pH 值则可能会降至 6.3。而通过对神经系统的研究，可以发现神经系统对运动肌的驱动和对不同肌群活动的协调作用是影响无氧耐力的一个重要因素，而神经系统的这类功能会受到大量酸性物质的影响，从而对运动过程中运动单位的激活和中枢控制的协调性产生一定影响。如果大学生经常参加无氧耐力的训练，则可以使神经系统对酸性物质的耐受能力得到有效提高。

二、个性心理特征

大学生的运动动机和兴趣以及面临运动活动的心理稳定性、努力程度、自持力和意志品质都直接影响耐力水平的发展，特别是意志品质在耐力训练中起着非常重要的作用。在长时间运动出现疲劳的情况下以及在以强度为主的训练中，意志品质的重要作用体现得尤为明显。如果大学生的意志力不能强迫神经中枢继续工作，甚至提高工作强度（如终点冲刺），便不能保持运动所要求的强度水平。

三、运动技能水平

耐力素质是一名大学生从事训练和比赛非常重要的一项基本素质，其耐力素质的高低对能否取得优异的运动成绩有着极为重要的影响。因此，在任何一个运动项目中都应将耐力素质作为基础素质来发展。需要说明的是，耐力素质要想得到很好的发展，还必须具备一定的运动技能水平，大学生运动技能水平的高低对耐力素质的发展起到重要的促进作用。

第三节　耐力素质训练的手段

一、有氧耐力训练

有氧耐力训练是一般耐力的基础，通过提高大学生的摄氧、输氧及用氧能力，保持体内适宜的糖原和脂肪的储存量以及提高肌肉、关节、韧带等支撑运动器官对长时间负荷的承受能力，是发展有氧耐力的基本途径。

（一）有氧耐力训练的指标

最大吸氧量是指在运动过程中人体的呼吸和循环系统发挥最大的机能水平时，每分钟所能吸取的最大吸氧量。最大吸氧量是反映耐力水平的一个重要指标，最大吸氧量越大，有氧耐力水平也就越高。在有氧过程为主的运动项目中，经过训练的大学生的最大吸氧量明显高于一般人（一般人的最大吸氧量为 2～3 升/分钟，大学生的为 4～6 升/分钟）。同时，最大吸氧量越高，耐力性运动的成绩就越好。

（二）有氧耐力训练的参数

1. 负荷强度

单纯发展有氧耐力水平的训练强度相对要小，训练强度应低于最大速度的 70%，并以有氧系统供能为主。强度可以通过完成一定距离的时间、每秒速度、心率评定。如以心率控制负荷强度，对大学生可控制在 140~160 次/分钟，对训练有素的大学生可控制在 150~170 次/分钟。根据这个强度进行长时间工作，可使有氧系统供能得到有效地改善，心肺系统的机能水平、肌肉供血和直接吸收氧气的能力得到提高。

训练结果还可使心脏容量增大，有利于促进骨骼肌、心肌的毛细血管增生。如负荷强度超过此限度，心率达 170 次/分钟以上，就会产生氧债，从而使训练向无氧方向转化。如训练强度低于此限度，心率在 150 次/分钟以下，则不能有效地提高有氧能力。

2. 无氧阈

每个训练有素的大学生都有与其适应并且随着运动能力的提高而变化的合理负荷范围。其中，负荷强度要时时与每个人的竞技能力相一致，过低过高都会影响练习效果。所以寻找适宜的负荷范围就显得尤为重要。无氧阈是指人体逐渐增加工作强度时，由有氧代谢供能开始大量动用无氧代谢供能的临界点（转折点），常以血乳酸含量达到 0.004 摩尔/升时所对应的强度或功率（瓦）来表示。超过这个临界强度（无氧阈）时，血乳酸浓度将急剧增加。

3. 有氧—无氧混合代谢区域

有氧—无氧混合代谢区域是将把所有有氧代谢和无氧代谢结合起来进行训练的有效代谢区域。例如，在跑第一个快跑段落（200~100 米）结束时心率为 27~28 次/10 秒钟，而慢跑段时心率为 24~26 次/10 秒钟。快跑段的时间、距离及其反复的数量取决于大学生的训练水平和该训练阶段的任务，这种训练手段对提高耐力项目的最大有氧能力非常有效。

4. 持续时间

持续时间应根据专项的特点、大学生的需要以及训练阶段的不同要求进行安排。有时为了提高比赛开始阶段发挥作用的无氧耐力，可采用 60~90 秒钟的训练持续时间，为了提高有氧耐力，则必须采用较长时间的多次重复（3～10 分钟）或 20 分钟以上至两个小时的持续负荷。只有坚持较多的负荷数量，练习时间长，才能使大学生全身血量和红细胞数增加，提高大学生的每搏输出量，达到发展有氧耐力的目的。

5．重复次数

重复次数应根据维持高水平氧消耗的生理能力确定。如果不能维持高水平氧消耗，有氧系统就不能满足能量需要。其结果会使无氧系统开始工作，给机体造成紧张，并较早出现疲劳。心率是表示大学生疲劳状况的有效指标。随着疲劳的增加，重复同等强度负荷时的心率也会增加。一旦心率超过 180 次/分钟，大学生心脏的收缩能力就会降低，导致大学生负荷肌肉的供氧不足，这时就应调整训练计划和减少重复次数。

（三）具体的有氧耐力训练方法

1．变速跑

在场地上进行。快跑段、慢跑段距离也根据专项任务与要求决定。一般常以 400 米、600 米、800 米、1000 米等段落进行。如中距离跑训练中大学生常用 400 米快跑，200 米慢跑的变速或 600 米快跑，200～400 米慢跑等变速。

2．定时走

在场地、公路或其他自然环境中按规定时间做自然走或稍快些自然走，一般走 30 分钟左右。

3．定时跑

在场地、公路或树林中做 10～20 分钟或更长时间的定时跑。

4．定时定距跑

在场地或公路上做定时跑完固定距离的练习，如要求在 14～20 分钟内跑 3600～4600 米。

二、无氧耐力训练

(一) 乳酸供能无氧耐力的训练

1. 强度

应比发展有氧耐力的强度大得多，一般应达到本人可以承受的最大强度的 80%～90%，心率可达到 180～190 次/分钟。练习中必须使大学生机体处于无氧糖酵解状态，并产生乳酸。

2. 负荷持续时间

负荷持续时间应长于 35 秒钟，一般可控制在 1～2 分钟，若以游泳为训练手段，游程应控制在 50～200 米；若以跑为训练手段，跑距应控制在 300～600 米。训练实践证明，乳酸供能无氧耐力对提高田径中距离跑（800 米、1500 米）项目极为重要。

3. 练习次数、组数和间歇时间

练习次数与组数应根据训练水平、跑速、段落长度和组间间歇时间而定。如采用 200～400 米段落，则每组可有 3～4 次重复跑，共练习 3～4 组，若采用 500～600 米段落，则可重复 2～3 组，每组练习的间歇时间和组间间歇时间应该很短，使之不带有任何有氧代谢性质，总的原则是段落短、间歇时间也短。

4. 练习的顺序

练习顺序的安排直接影响到练习的效果。如先跑短段落（200～300 米），再逐渐增长段落，则大学生体内血乳酸浓度不断提高；相反顺序的安排，血乳酸浓度在前 2～3 个段落已达到最大值，然后随着段落的缩短而降低。因此，为了提高大学生机体迅速动员无氧糖酵解的能力，则应先从跑长段落（500～600 米）开始，然后再跑短段落（200～300 米）；若为了提高有机体长时间维持糖酵解的高度活性，有利于血乳酸累积和训练效应积累，则应采用相反顺序。采用长段落跑的手段时也可用变速方法。有时可在段落开始用快速跑，中间减速，后 1/3 跑段再加速。或

将一个长段落分为三部分，后一部分的速度比前一部分快；或者跑一个长段落时经常按固定长度变换速度，目的是培养大学生根据比赛环境变换速度的能力。

（二）非乳酸供能无氧耐力的训练

间歇训练法是发展非乳酸供能无氧耐力水平的主要训练方法，发展非乳酸供能无氧耐力主要涉及以下几个因素。

1.强度与练习持续时间

主要采用大强度，即采用本人可以承受的最大强度的 90％～95％的强度进行练习，以保证机体动用磷酸肌酸能源物质。练习持续时间一般为 5～30 秒。

2.重复次数与组数

重复次数以不降低训练强度为原则。重复次数可保持在每组 4～5次。练习组数应视大学生具体情况而定，对训练水平高的大学生，练习组数可多一些，反之可少一些。训练中最好采用多组方式，如每组练习4～5次，重复 5～6 组。

3.间歇时间

间歇时间有两种具体做法。第一种是短距离（如 30～70 米的赛跑）的间歇安排，间歇时间为 50～60 秒钟。这种间歇安排的目的在于保证机体动用磷酸肌酸为能源。第二种是较长距离（如 100～150 米）的间歇安排，时间 2～3 分钟。这样做的目的在于保证机体磷酸肌酸能量物质通过间歇时间的休息能得到尽快恢复。练习的组间间歇时间则应相对长一些，如 5～10 分钟，这样可使磷酸肌酸能量物质通过间歇时间的休息得到尽快恢复，以便进行下一组练习。

三、混合耐力训练

（一）反复跑

每组反复跑 150 米、250 米、500 米之间距离，4～5 次，每组练习之间休息约 20 分钟。要求以预定的时间跑完全程，也可以采用专项的 3/4 距离进行练习，要求大学生在训练时采用 80％以上的强度。

（二）间歇快跑

以接近 100％强度跑完 100 米后，接着慢跑 1 分钟，间歇练习。快慢方式对照组成一组，反复训练 10～30 组，要求根据大学生实际情况增减和调整训练负荷。训练中要求尽全力完成训练。

（三）短距离重复跑

采用 300～600 米距离，每次练习强度为 80％～90％，进行反复跑。大学生在训练时，要注意速度分配的准确性，可以采用全程或半程的速度分配计划。

（四）力竭重复跑

采用专项比赛距离，或稍长距离，以 100％强度全力跑若干次。每次之间充分休息。短跑时大学生可采用 30 米。中距离跑时大学生可采用 800 米或 1500 米。

（五）俄式间歇跑

固定练习中间休息时间，随着大学生训练水平的提高逐渐缩短中间休息时间。训练时要求学生在 400 米练习中，用规定速度跑完 100 米后，休息 20～30 秒钟，如此循环反复训练。当大学生的能力可以缩短练习中间的休息时间时，调整休息时间为 15～25 秒钟。

（六）持续接力

以 100～200 米的全力跑，每组 4～5 人轮流接力。要求大学生在训练时注意安全和练习过程中的协调配合，也可以将所有大学生分成若干组进行训练比赛。

四、专项耐力训练

专项耐力训练是最大限度接近比赛动作的专项练习，其任务是充分利用专项运动负荷的增长发展专项耐力，建立必要的专项耐力储备，为保持稳定的比赛能力打下良好的基础。不同的运动项目对专项耐力有不同的要求，不同的运动项目专项耐力的表现又具有不同的特点。因此，为了发展专项耐力，就必须根据各个项目的专项特点，选择适宜的训练内容、方法和手段。下面就以高校校园中常见的运动项目为例分析各运动专项耐力素质训练的方法。

(一) 篮球专项耐力训练

1. 弹跳耐力训练

（1）用本人弹跳 80% 的高度连续跳 20～30 次为一组，跳若干组（组间休息 2～3 分钟）。

（2）5 分钟跳绳练习：双脚双摇跳 30 秒钟，左脚单跳 1 分钟，右脚单跳 1 分钟，完成两个循环正好 5 分钟（可根据训练水平调整运动负荷的量与强度）。

（3）连续原地或助跑单手摸高，连续助跑起跳摸篮板。

（4）双脚连续跳阶梯，跳 8～10 个高栏架。

（5）原地或沙地连续直膝跳、蹲腿跳、跳起抱膝。

2. 速度耐力训练

（1）多组 200 米或 400 米全速跑，每组间歇时间为 15～2 分钟。

（2）1500 米变速跑，直道时全速跑，弯道时慢跑。

（3）30 米冲刺：10 次，每次间歇 15～20 秒钟。

（4）60 米冲刺：10 次，每次间歇 30 秒钟。

（5）长距离定时跑。3000 米、5000 米或越野跑。

3. 移动耐力训练

（1）看教师手势向各个方向移动，2～3 分钟为 1 组。

（2）单人全场防守滑步。

（3）30 秒钟 3 米左右移动 5～8 组。

（4）全场、半场篮球赛，或小场地足球赛，要求人盯人防守。

（二）足球专项耐力训练

1.足球有氧耐力的训练

（1）3000 米、5000 米、8000 米、10000 米等不同距离的定时跑或越野跑。要求大学生在空气清新、相对松软、有弹性的地面练习，跑的速度可以适当变化，心率控制在 150～170 次/分钟，运动时间 1.5～2 小时。

（2）12 分钟有氧低强度训练。

（3）400～800 米变速跑。要求大学生根据自身能力控制速度和距离。负荷强度由低到高，心率控制在 130～150 次/分钟、170～180 次/分钟，训练持续时间在半小时以上。

（4）半场 7 对 7 控球对抗训练。要求每队传控好本方球，并全力破坏对方的传控。练习时可限制触球次数；可视情况调整场区或人数。

（5）100～200 米间歇跑。要求整个训练的持续时间尽可能延长至少半小时。练习之间采用积极性休息方式，如放松走和慢跑。训练负荷量较小，训练中每一次练习的持续时间不长。负荷强度较大，心率达到170～180 次/分钟。在身体尚未完全恢复的情况下进行下一次练习，心率在 120～140 次/分钟。

（6）跳跃—传球循环训练。在半个足球场地上进行，10 名队员，4个栏架，足球若干。从第一名队员开始，跳过栏架接守门员长传，按顺时针方向进行传球和跑动接应，由最后一名队员接长传后完成射门，时间为 15 分钟。

（7）5 对 5 传抢对抗训练。将足球场分为 A、B 区，大学生在 A、B区交替转移传抢，每次换区后，传球队员留下。练习类型为间歇式，如做 5 分钟休息 1 分钟。练习要求是 2～3 次转移成功得 1 分；传够一定次数才可转移；听一定的信号方可转移。

2.足球无氧耐力的训练

（1）重复多次的 30～60 米冲刺。

（2）1 分钟内 1 对 1 追拍或 1 对 1 过人。

（3）进行 5 米、10 米、15 米、20 米、25 米折返跑训练。

（4）100～400 米高强度的反复跑和 1～2 分钟极限训练。

（5）往返冲刺传球，队员甲往返冲刺在限制线之间（间距 10 米），在限制线附近回传乙、丙分别传来的球，乙、丙离限制线约 5 米。

（6）100～400 米逐渐缩短间歇时间跑。采用 80%～90% 的训练强度，心率达到 180～190 次/分钟。一次训练的持续时间和距离稍长，练习的重复次数不宜过多。要求大学生间歇时间逐渐缩短，可采用段落相等或不等的练习。如果段落不等，练习顺序由短到长，在最后一组训练时基本保持规定的强度。

（7）编组训练。内容可以是折线快跑 20 米—仰卧屈体 5 次—冲刺 10 米—突停转身铲球—向左右做旋风腿各 1 次—快跑中跳起头顶球 3 次—冲刺射门 2 次—三级蛙跳。

（8）100 米、110 米栏、100 米栏、200 米短段落间歇跑。可采用 30～60 米距离，间歇时间 1 分钟左右。采用 95% 以上的大强度训练，持续时间 10 秒钟左右。要求大学生保持高训练强度。较多的练习重复次数，组数根据大学生情况而定。

（9）追逐游戏训练。每队各 10 人面对站立，教练向其中 2 人抛球。红方得球，红追蓝；蓝方得球，蓝追红，阻止对方跑进标志线。练习时间为 10 分钟。

（10）争球射门训练。12 人分为 2 组，每组占用半个足球场地，每组 1 名守门员，2 人一组，争训练师发出的球，得球者攻，无球者防，交替进行，练习时间为 15 分钟。

（三）排球专项耐力训练

1.排球移动耐力的训练方法

（1）连续地跑动滚翻或鱼跃救球。

（2）20～30 米冲刺跑 7～8 组。

（3）大学生连续移动接教师抛出的不同方向、不同弧度的球。

（4）个人连续地跑动传球或垫球 10～15 次。

（5）单人全场防守，要求防起 15 个好球为一组。

（6）通过观察教师的手势连续向右前、前、左前方进退移动，2～3分钟为一组。

（7）大学生连续移动接教师掷出的不同方向、不同距离的地滚球。

（8）跑动滚翻或鱼跃救球；全场移动单人依次防守 10～20 个球；"8"字防守 30～50 个球；连续地跑动传球或垫球 20～30 次；连续大强度地防守或三人防调练习。

（9）36 米移动。大学生站在进攻线后看信号启动，前进时必须用双手摸到中线，后退时双脚必须退过进攻线，前进、后退两个来回后接侧身滑步或交叉步移动（不许转身）两个来回，用单手摸线，然后做钻网跑。单手摸对方场区进攻线，折回时单手摸出发线。

2. 排球弹跳耐力的训练方法

（1）连续小负荷多次数的力量训练。

（2）3～5 人一组，连续滚翻救球，每人 30～50 次。

（3）连续收腹跳 8～10 个栏架。

（4）连续原地跳起单手或双手摸篮板或篮圈。

（5）规定次数、时间、节奏的跳绳，如 5 分钟跳绳练习。双脚双摇跳 30 秒，左脚弹跳 1 分钟，右脚弹跳 1 分钟，完成两个循环正好 5 分钟（可根据训练水平调整运动负荷）。

（6）30 米冲刺跑 10 次，每次间歇 15～20 秒钟。

（7）用本人弹跳 80％ 的高度连续跳 20～30 次为一组，跳若干组，组间休息 2～3 分钟。

（8）个人连续扣抛球 10～20 次为一组，扣若干组，组间休息 3分钟。

（9）连续移动拦网。队员先在 3 号位原地跳起拦两次，落地后移动至 4 号位拦一次，最后回到 3 号位拦一次，移动到 2 号位拦两次，再回到 3 号位拦两次。如此重复 2～3 个循环为一组。

（10）单人连续扣球 20～30 次，组间休息 3 分钟；三人连续扣球

90～120 次，组间休息 2～3 分钟；4、3、2 号位连续各扣 5 球；连续扣防练习：扣球后下撤防守，再上网扣球，20 次一组，做若干组；单人连续拦网 10 次，要求不能犯规；3、4（2、3）号位连续左右移动拦网×10 次；2、4 号位连续左右移动拦网×6 次；拦网结合保护练习，拦一次后下撤保护一次，做 10 个组合，若干组。

3. 排球综合耐力的训练方法

（1）身体训练以后再进行排球比赛或比赛以后再进行身体训练。

（2）象征性排球比赛模仿练习。大学生先从 1 号位防起一个扣球之后，前移防起一个吊球，然后移动到 6 号位调整传球一次，移动到 5 号位防一个扣球，再移动到 4 号位扣一个球，移动到 3 号位做一次拦网动作，后撤上步扣球，最后移到 2 号位。一次单脚起跳扣球为一组，连续做若干组。

（3）连续打 5～7 局或 9～11 局的教学比赛，可训练比赛耐力。

（4）按场上轮转顺序，在 6 个位置上做 6 个不同的规定动作，连续进行若干组。

（四）羽毛球专项耐力训练

1. 冲刺跑加移动步法训练

200 米、300 米或是 400 米全力冲跑后，立刻进行 45 秒钟或 1 分钟全场移动步法练习，完成两项内容为一组，中途没有间歇，组与组之间可间歇 3 分钟左右。依据选手的具体情况，可采用 2 组、3 组、5 组不等的练习负荷。

2. 跳绳训练

可以进行长时间的单、双脚跳绳训练。

3. 多球速度耐力训练

（1）多球后场定点连续击高吊杀练习。

（2）多球连续被动接吊杀练习。

（3）多球连续全场杀球上网练习。

（4）多球双打后场左右连续杀球练习。

（5）多球全场封杀球练习。

（6）多球全场跑动练习。

4.单打持续全场进攻防守训练

运用5～6个球，一人专门负责捡球，失误出现时，不间断地立即再次发球，使大学生没有间歇，在规定时间内保持较高速度反复移动击球。

（1）二一式20或30分钟不间断持续全场进攻练习。

（2）三一式30分钟不间断持续全场接四角球和接吊杀球练习。

（3）三一式、四一式单打全场或是双打半场、全场防守练习。

第四节　耐力素质训练的注意事项

一、注意有氧、无氧耐力训练相结合

在机体代谢的过程中，机体的有氧耐力和无氧耐力之间有着密切的关系。其中，有氧耐力是无氧耐力发展的基础。通过有氧耐力练习能使心脏体积增大，每搏输出量提高，从而为无氧耐力的发展打下了坚实的基础。在发展有氧耐力的过程中，合理穿插一些无氧耐力练习，可以对大学生的呼吸能力和循环系统的功能进行有效的改善，在增强大学生机体输送氧气能力的同时，也大大提高了大学生的有氧耐力水平。由此可以看出，机体有氧耐力和无氧耐力之间能够相互联系和促进。所以，在耐力练习中要注意二者的结合，至于有氧耐力练习和无氧耐力练习的比例，应视实际情况而定。

二、注意呼吸问题

大学生在进行耐力训练时，正确的呼吸节奏是有效摄取耐力训练时自身所需要氧气的关键。在训练过程中，当大学生进行中等负荷耐力训练时，机体的每分钟耗氧量与氧供给量之间会出现一些不平衡的现象，如果是大负荷训练，这种不平衡就会更加明显。氧的摄取是通过提高呼吸频率和加深呼吸深度而实现的，大学生在耐力训练中应加深对供氧能力的培养。同时，还应注意强调呼吸节奏与动作节奏配合的一致性，使呼吸与动作相协调。

三、注重专项特点

大学生在运动过程中，运动方法不同，其增进各种能量系统的作用也会出现差异，在训练时必须根据项目的特点和需要，选择适合的训练内容、方法和手段，以实现理想的训练效果。而在同一项目的不同训练周期中，耐力训练也有着特定的要求，多是按照一般耐力阶段、专项耐力基础阶段和专项耐力阶段划分进行训练的。

四、有意识地培养意志品质

大学生在耐力训练中，意志品质在其耐力素质提高的过程中起到了至关重要的作用。这是机体产生的一种心理内驱力，在身体承受运动极限的同时，用坚毅的品质作为内在驱动而继续前行。因此，在耐力训练过程中既要关注大学生承受的生理负荷，同时又要对意志品质的培养给予足够的重视。

第八章　大学生核心力量训练与稳定性训练

第一节　核心力量训练

一、核心力量训练的发展现状

核心力量可视为功能性训练的组成部分。在体能训练中，发展大学生的核心力量已经成为现代国内外专家学者研究的热点，核心力量良好的训练效果不断引起了竞技体育界的高度关注。其实，在所有的竞技体育运动项目中，核心力量都起着不可替代的作用。它不仅对大学生在运动过程中身体姿势的保持、完成基本动作和专项技术动作都起着稳定作用，而且还是大学生身体发力的主要环节，对上下肢协调发力起着承上启下的枢纽作用。我国也在不断地对核心训练进行研究，并广泛应用于训练实践当中。此外，高校大学生的体育锻炼也开始逐渐涉及核心力量训练。核心力量训练具有一般力量训练和专项力量训练的作用，同时具有促进体能康复的效果，核心力量训练又称核心区或核心稳定性训练。

功能性训练科学理念逐渐发展成熟，向大众体育、学校体育发展是需要也是趋势。运动是相通的，与人们生活密切相关的体育领域更需要科学的理念和方法予以支持。但值得注意的是，功能性训练包括核心力量训练，但其并不是体能训练的全部，也不能代替传统的力量训练、速度训练与耐力训练。

二、核心力量训练注意事项

(一) 多维度练习

功能性核心力量训练要求实施多方向、多支撑条件下的多维度训练，前后、左右、旋转等力量都可以得到有效改善。

(二) 以提高专项力量为目的

专项力量依然是运动训练的主要目的。核心力量训练要解决一般性力量与专项需要相差较大的矛盾，促进以脊柱为支撑的核心稳定性，为专项动作的发力提供良好稳定的基础。

(三) 核心力量发展优先于四肢力量

四肢力量主要是表层肌肉，走向简单，训练起来相对容易，但其力量的传递要通过核心部位。如果核心部位不稳，充实度不够，就会增加能量、力量的内耗，影响发力效果。因此，核心力量是其他部位力量的支撑系统，要优先发展。

(四) 核心力量要分层安排才能取得理想的效果

核心力量训练手段繁多，要有整体使用的设计规划，由简到繁，由轻到重，由一般到专项，使骨骼、关节、肌腱、肌肉逐渐适应，打好基础，才能获得理想的效果。通常的顺序分为以下几个方面。

1. 垫上练习

主要在（硬）海绵垫上做一些基本的腰背肌肉练习，多增加一些旋转的、静力性的、不同支撑部位的练习。"八级腹桥"、侧桥等也属于这类动作，可逐渐负重。

2. 单个专门器械练习

大学生利用单个的瑞士球、平衡板、悬吊、振动器等进行上述练习，逐渐增加不稳定性，结合实心球进行投、抛、摆练习，可逐渐负重。

3. 两个专门器械结合练习

如把悬吊与瑞士球结合，实心球与瑞士球结合等，使大学生上下肢都处于不稳定状态进行练习，循序渐进增加训练难度，可逐渐增加负重。

4.器械与专项技术相结合

在平衡板上做阻力性划船动作练习，背依瑞士球做投掷动作等，以增加动作的复杂性和对神经肌肉的控制能力。

三、核心力量训练方法和手段

（一）徒手训练

徒手训练法主要适用于核心力量训练的初始阶段，主要目的是让大学生体会核心肌群对身体的控制能力。在具体的训练过程中，可根据大学生核心力量的增长情况，采用不同形式的由表及里、由浅入深、由慢及快的训练可以有效地刺激核心区域不同层次的肌肉群。

相关练习方法如下。

1.屈膝半蹲

（1）部位

胫骨前肌、腓肠肌、比目鱼肌、臀大肌、股二头肌、股直肌、股内侧肌。

（2）作用

加强小腿后肌群的力量，提高其柔韧性和平衡能力。

（3）方法

身体直立，两脚平行，脚尖朝前，两臂向前水平举起，保持平衡。在保证站稳的情况下，脚尖抬起。收紧腹部肌肉，慢慢下蹲，足跟离开地面，背部挺直，头颈上顶，避免身体过度前倾。呼气的同时慢慢回到起始姿势。动作过程中体会腿部肌肉克服体重做功的感觉。

（4）组数

每组 20 秒，共练习 3 组。

（5）注意事项

背部挺直，头上顶，在动作过程中收紧腹部和脚尖上卷。

2. 屈膝两头起

（1）部位

腹直肌、腹内斜肌、腹外斜肌、腹横肌、阔筋膜张肌、股中间肌、股直肌、股内侧肌、情肌、梨状肌。

（2）作用

增加大学生腹肌的耐力性，加强屈髋肌力量。

（3）方法

大学生平躺在地面，头、颈部、肩部、两腿轻微抬离地面，不要弯腰，两臂抬起平行地面。膝屈向胸前移动，上体前屈，两手触碰踝关节。此时臀部着地，其他部位离开地面。慢慢打开身体，双腿伸直，上身后躺，回到起始姿势。

（4）组数

重复 15 次为一组，共练习 3 组。

（5）注意事项

动作过程中要收紧下巴，整个过程中要绷紧大腿。

3. 俄罗斯旋转

（1）部位

腹直肌、腹内斜肌、腹外斜肌、腹横肌、股中间肌、股直肌、髂肌、髂腰肌。

（2）作用

增加腹肌的耐力，加强屈髋肌力量。

（3）方法

大学生身体呈坐姿，双膝弯曲，两脚平放于地面。两手向前水平举起，位于膝盖上方。上半身向右扭转，两手触碰身体右侧的地面。回到起始状态，上半身向左扭转，可适当负重。

（4）组数

每组每侧完成 10 次扭转，共 3 组。

（5）注意事项

扭转时双脚与地面保持接触，膝关节紧紧靠在一起，颈部和肩部保持放松。

4.髋关节旋转

（1）部位

阔筋膜张肌、股直肌、股外侧肌、股二头肌、臀大肌、臀中肌、髂胫束、股内侧肌、股中间肌、长收肌。

（2）作用

大学生可利用自身体重练习腹肌，提高腹部肌肉的控制能力。

（3）方法

①大学生坐于地面，两手放于身后支撑，两腿伸直并拢，向上抬起。

②在骨盆保持稳定的前提下，慢慢将两腿移动到最右侧、最下方以及最左侧，可适当负重。

（4）组数

每组每侧完成5次扭转，共3组。

（5）注意事项

两腿来回摆动时，双腿保持伸直；为了更好地支撑体重，双臂应离身体远一些；整个动作过程颈部保持伸直。

5.仰卧举腿

（1）部位

腹直肌、腹横肌、股中间肌、阔筋膜张肌、臀大肌、臀中肌、股三头肌、股直肌、储肌、髂腰肌。

（2）作用

加强核心区域肌肉力量，提高骨盆稳定性。

（3）方法

①大学生躺于地面，两腿交叉上举，膝关节伸直，两臂伸直放于体侧。

②两腿和臀部夹紧，腹肌发力将髋关节抬离地面。

③慢慢将髋关节放回到地面。

（4）组数

每组 10 次，两腿位置互换，共 3 组。

（5）注意事项

整个过程两腿伸直并绷紧，向上举腿时保持颈部和肩关节放松。

6. V 形两头起

（1）部位

腹直肌、阔筋膜张肌、股外侧肌、股内侧肌、股中间肌、长收肌、腓骨肌、肱肌等。

（2）作用

增强腹肌的力量，提高脊柱的稳定性。

（3）方法

大学生身体呈仰卧位，两腿抬起与地面成 45°～90°的夹角。吸气，两手上举，肩关节和头部抬离地面。吸气的同时胸椎弯曲，上身继续抬起到胸廓部位抬离地面。深吸气，两手向前触摸脚尖，背部弯曲呈 V 形；吐气时慢慢放下身体，体会椎体一节一节伸展的感觉，回到起始姿势。

（4）组数

每组 10 次，共计 3 组。

（5）注意事项

在抬起和放下身体的过程中注意体会脊柱的各个椎体之间的相对运动，为了使胸椎和颈椎所受到的力量最小，颈部应该保持伸长且放松状态。

（二）瑞士球训练

瑞士球具有不稳定性，在球体上练习时可以充分刺激全身尤其是核心部位的肌肉协作，维持人体的平衡和稳定。很多体育教师已将瑞士球训练法引入田径、游泳、体操、球类等运动项目的训练中，并将其练习作为训练方案的组成部分。事实证明，瑞士球是一个增强核心力量、提高身体稳定性和增加关节柔韧性的有效训练工具。根据不同标准，瑞士球可以分为多种，直径从 45 厘米到 75 厘米不等。瑞士球在保持身体平衡、改善身体姿势及预防运动损伤等方面发挥着重要作用。

1. 瑞士球俯卧撑

（1）部位

腹直肌、腹外斜肌、腹内斜肌、腹横肌、阔筋膜张肌、髂腰肌、缝匠肌、短收肌、长收肌。

（2）作用

在增强上肢力量的同时，很好地调动核心肌群并锻炼髋部屈肌，提高脊柱稳定性和核心肌群力量。

（3）方法

双手双膝着地，手指朝前，瑞士球置于身下为开始姿势。双腿伸直，使身体呈一直线。保持背部挺直，同时双膝弯曲使瑞士球朝核心肌群移动。双腿伸直，移动瑞士球远离身体，然后做一个俯卧撑。

（4）组数

每组 12 次，共计 3 组。

（5）注意事项

髋部和躯干保持在同一水平面上，避免身体弯曲和拱起。

2. 瑞士球提臀平板支撑

（1）部位

腹直肌、腹横肌、耻骨肌、股中间肌、髂腰肌、长收肌、阔筋膜张肌、背阔肌、股直肌。

（2）作用

提高脊柱的稳定性，强化腹部肌肉和髋部屈肌的力量。

（3）方法

大学生摆出俯卧撑姿势，双臂分开与肩同宽，同时胫骨置于瑞士球上。在保持双腿伸直的同时，使瑞士球朝向身体方向滚动，同时使髋关节尽可能抬高。身体下移并重复以上动作。

（4）组数

每组 20 次，共计 3 组。

（5）注意事项

避免背部拱起和髋部向任何一侧倾斜；动作要尽可能的缓慢，双目直视地面。

3.瑞士球侧卷腹

（1）部位

腹直肌、腹内斜肌、腹横肌、腹外斜肌、肋间肌。

（2）作用

瑞士球侧卷腹是一项强化核心力量的高级运动，对强化腹肌、锻炼身体斜肌和肋间肌尤其有效。

（3）方法

大学生身体左侧卧躺在瑞士球上，左侧髋关节和躯干左侧在瑞士球上。左腿膝关节从地面抬起，右腿跨过左腿，右脚放在左大腿前侧。双手指尖放在双耳两侧，同时肘关节向外张开。利用腹肌带动身体动作，躯干抬高直至上半身几乎垂直。身体下压，重复以上动作，重复做 15 次。身体另一侧重复以上动作。

（4）组数

身体两侧各进行 3 组，每组 15 次。

（5）注意事项

完成动作的过程应当缓慢，切勿利用双腿带动身体动作，核心肌群始终保持紧张。

4.瑞士球俄罗斯转体

（1）部位

腹直肌、腹横肌、腹内斜肌、腹外斜肌、肱三头肌、背阔肌。

（2）作用

瑞士球俄罗斯转体是一项独特的强化核心肌群的运动，同时还可以缩减腰围，使腹肌、斜肌更加紧致有力。

（3）方法

大学生坐于瑞士球上，双脚分开与肩同宽，将瑞士球朝前滚动，直至颈部撑在球体上方，双臂在胸部正上方伸直、固定。一侧髋关节向外转动，同时转动躯干和双臂。身体回到中心位置，然后身体向另一侧重复以上动作。

（4）组数

身体两侧各重复进行 15 次，共计 3 组。

（5）注意事项

练习时大学生动作要缓慢克制，注意避免上半身抬离瑞士球，躯干悬空。

5.瑞士球卷腹

（1）部位

腹直肌、腹内斜肌、腹横肌、腹外斜肌。

（2）作用

瑞士球卷腹是在基本卷腹运动基础上增加了一个新维度，通过使身体仰卧在瑞士球上，迫使腹肌更加有力地工作，能够达到强化腹肌、稳定核心肌群的作用。

（3）方法

大学生身体仰躺，双脚分开比肩略宽，背部撑在瑞士球上，双手贴近双耳，肘部向外张开。双臂双腿同时抬高，双臂贴近双脚，同时背部挺直。身体下压，重复以上动作。

（4）组数

每组重复做 20 次．共计 3 组。

（5）注意事项

双腿要始终固定在地面上，下背部始终撑在球体上，尽可能地使身体在球体上稳定不动。

6.瑞士球双腿交替屈膝

（1）部位

腹内斜肌、腹直肌、腹外斜肌。

（2）作用

瑞士球双腿交替屈膝是增强核心肌群的有效手段，它对所有为身体提供力量的肌肉群都有一定的锻炼效果，尤其是对核心肌群力量的发展。

（3）方法

大学生身体笔直地坐在瑞士球上，双脚分开固定在身体前侧，与肩部同宽，双手放在身体两侧的球上。一条腿上抬，朝胸口部方向拉伸。将抬高的那条腿放下，另一条腿重复以上动作。

（4）组数

每条腿各重复做 20 次，共计 3 组。

（5）注意事项

腿上抬时保持膝盖弯曲动作不变，避免背部拱起或向前弯曲。

（三）弹力带训练举例

弹力带是一种由橡胶制作能够自由伸缩并且带有弹性的带子。弹力带具有弹性，根据其厚度的大小可确定阻力的大小，大学生克服其弹性能够使相关部位得到很好的锻炼，所以被广泛应用于大众体育、康复领域。弹力带核心力量训练的主要目的是加强核心肌肉力量的训练，通过阻力训练的方法和多个平面内的运动，增加肌肉力量、肌肉围度和肌肉爆发力，提高臀部肌肉对骨盆的控制以及对脊柱的稳定作用。

1.弹力带伐木

（1）部位

腹直肌、腹横肌、腹内斜肌、腹外斜肌、三角肌、背阔肌、胸大肌。

（2）作用

弹力带伐木是一项强化斜肌的有效运动，利用弹力带阻力，强化核心肌群、双臂和肩关节，使腹肌尤其是斜肌更加紧致。

（3）方法

大学生将弹力带的一端固定在物体上，身体站直，同时双手握住弹力带的另一端，双臂伸直，躯干转向身体一侧，带动弹力带转动。躯干转向身体另一侧，身体转动的同时双臂抬高，腹部收紧。躯干转回中心位置时双臂放下，身体另一侧以同样的动作幅度重复以上动作。

（4）组数

身体两侧各重复 20 次，两侧各进行 3 组。

（5）注意事项

摆动动作要有力，扭转动作要缓慢，核心肌群收缩、绷紧。

2. 弹力带单腿俯身后拉

（1）部位

腹直肌、腹横肌、阔筋膜张肌、髂腰肌、臀大肌、股中间肌、背阔肌。

（2）作用

通过弹力带阻力，促使腹部、臀部及大腿肌肉收紧，增强大腿肌肉、核心部位力量及骨盆的稳定性。

（3）方法

大学生将弹力带固定在前方与髋同高的位置，左腿站立，俯身呈 90°。右腿抬起与地面平行，双手紧握弹力带，掌心向上，直臂伸于肩前方，然后挺胸收腹，肩胛缩回下压。呼气时双手向两侧回拉，至上臂与右腿成一条直线；吸气时，缓慢回到起始姿势。

（4）组数

身体两侧各重复 20 次，两侧各进行 3 组。

（5）注意事项

腹部收紧，注意下背部不要下榻；身体保持平衡，骨盆不要侧倾。

3. 侧身平板弹力带

（1）部位

腹直肌、腹横肌、股直肌、胸大肌、肱二头肌、三角肌、背阔肌。

（2）作用

能够有效地强化腹部肌肉以及上背部、下背部和肩关节肌肉，强化并稳定核心肌群及强化双臂肌肉。

（3）方法

大学生将弹力带的一端固定在固定物上，身体左侧卧，双腿伸直且相互交叠，左臂弯曲呈90°，同时指关节朝前。右臂握住弹力带的一端，上臂在体前伸直，弹力带与地面保持平行，在前臂撑离地面的同时髋部从地面抬起，直至身体呈一条直线。将弹力带朝胸口拉伸时上臂弯曲，当身体朝地面方向移动时上臂伸直，身体另一侧重复动作。

（4）组数

身体两侧各重复15次，两侧各进行2组。

（5）注意事项

在确保弹力带拉紧的同时，用前臂和髋部带动身体向上移动，整个运动过程中双腿保持稳定不动。

4.弹力带扭曲滑动

（1）部位

腹直肌、腹横肌、腹内斜肌、前锯肌、腹外斜肌、肱三头肌、前三角肌。

（2）作用

使整个核心肌群得到充分锻炼是强化核心力量的重要运动，此动作幅度较小但只要姿势正确，会对上腹部有明显的锻炼作用。

（3）方法

大学生身体呈坐姿，双腿略微弯曲，弹力带缠在双脚后跟下方，双手握住手柄并将其朝双耳方向拉伸。躯干收缩时，双肘贴近大腿部位，同时肩关节和上背部下压。躯干恢复直立姿势的同时朝右侧扭曲，右手像开始姿势一样贴近右耳左臂在头顶上方仰直，并保持拉伸姿势不动。左臂放下，躯干扭转回到中心位置。用身体另一侧重复以上动作。

（4）组数

身体两侧交替练习，每侧进行15次，共计3组。

（5）注意事项

开始姿势时上半身要伸展拉长；弹力带的两手柄应贴近耳朵；双腿双脚保持固定不动。

5.跪姿弹力带卷腹

（1）部位

腹直肌、腹内斜肌、腹外斜肌、阔筋膜张肌、前锯肌、背阔肌、大圆肌、中三角肌、胸大肌、肱三头肌、股直肌。

（2）作用

比动作利用弹力带来调动和强化核心肌群。为了获得最佳锻炼效果，要充分利用腹肌带动身体动作，同时身体其他部位保持稳定、协调一致。

（3）方法

大学生可将弹力带系在身体附近的一个稳固物体上，双手抓住弹力带的两端（背对弹力带），双膝跪于垫上，脚后跟抬起，肘关节弯曲，手柄紧贴着双耳。调动身体腹肌，髋关节以上部位向前弯曲，直至躯干充分收缩。背部抬起恢复到开始姿势，重复以上动作。

（4）组数

每组重复 25 次，共计 3 组。

6.仰卧单腿拉弹力带上举

（1）部位

腹直肌、腹横肌、股中间肌、阔筋膜张肌、臀大肌、臀中肌、股直肌、髂肌、髂腰肌。

（2）作用

过弹力带的抗阻练习，进一步加强核心肌群的力量，提高骨盆稳定性。

（3）方法

大学生可将弹力带的一端固定在一个固定物上，身体仰卧于地面，将弹力带的另一端套在一侧脚踝上。腹部收紧向上拉弹力带与地面成90°，膝关节伸直。将抢高的那条腿放下，身体另一侧重复以上动作。

（4）组数

每侧进行 20 次，两侧各进行 3 组。

（5）注意事项

腹部始终处于收紧状态，上举腿伸直，避免膝关节弯曲。

（四）实心球训练举例

实心球利于抓握，有多种重量选择，可以因人而异、因时而异、因训练目的而异。实心球训练的主要目的是加大核心训练的强度，通过有限的训练时间使训练效果最大化，从而提高大学生发展力量所必需的身体控制能力。也可以通过增加不稳定因素提高训练的难度。一般情况下，8～11岁用重量0.5～1千克的实心球，12～14岁用重量2～3千克的实心球。具体练习方法如下。

1. 实心球站姿俄罗斯转体

（1）部位

腹内斜肌、腹外斜肌、腹横肌、背阔肌。

（2）作用

有效地强化核心肌群的主要肌肉群以及双臂和肩关节力量。

（3）方法

大学生双腿分开站立，比肩略宽，双膝微屈，双臂握住实心球在体前伸直。双臂和躯干转向身体一侧，回到中心位置，然后再转向身体另一侧。身体恢复到中间位置并重复以上动作。

（4）组数

每组做29个旋转动作，共计3组。

（5）注意事项

动作应流畅克制，双臂保持伸直，避免耸肩和向前弯腰。

2. 实心球画大圆

（1）部位

腹直肌、腹内斜肌、腹外斜肌、腹横肌、前三角肌。

（2）作用

实心球画大圆运动对于腹部前侧的核心肌群的锻炼效果非常明显。

运动过程中，身体肌肉始终保持紧张状态。

（3）方法

大学生双脚分开站立，与肩同宽或比肩稍宽，双手握住一只实心球，双手高举过头顶。继续画圆运动，双臂指向身体一侧，同时头部随着实心球转动，双眼盯紧球体。双臂保持伸展状态，继续画圈动作，双臂在体前下方伸展，同样头部随球转动，双眼紧盯球体。双臂指向身体另一侧。双臂举过头顶，恢复开始姿势。

（4）组数

每个方向完成 15～20 个大圈，每个方向各 2 组。

（5）注意事项

臂保持伸直状态，躯干保持挺直，整个动作缓慢克制。

3. 实心球仰卧起坐

（1）部位

前锯肌、腹直肌、腹外斜肌、腹横肌、髂腰肌、阔筋膜张肌、股中间肌、股直肌。

（2）作用

实心球仰卧起坐是一项基础锻炼的升级版，此运动过程中腹部必须特别积极地工作，进一步加强核心区域肌肉群力量及稳定性。

（3）方法

大学生面朝上仰卧在垫子上，双臂弯曲，同时双脚固定在地上，双手握住一只实心球放在胸口。肩部和躯干抬离地面，朝双腿方向拉伸。身体下压重复以上动作。

（4）组数

组重复 20 次，共计 3 组。

（5）注意事项

运动的每个阶段实心球始终保持在胸前，同时避免用力过猛。

4. 实心球对角卷腹

（1）部位

腹直肌、腹横肌、腹外斜肌、肋间内肌、肋间外肌、腹内斜肌。

（2）作用

实心球对角卷腹有助于强化腹肌、斜肌和肋间肌的发展。

（3）方法

大学生双手握住一个实心球，身体仰卧在垫子上，使身体呈一条直线，双脚分开与肩同宽。利用腹肌带动身体动作，双臂和躯干朝一侧运动。躯干抬起伸直，并将实心球放在双腿之间。背部下压恢复开始姿势，将实心球放在头顶的地板上，身体另一侧重复以上动作。

（4）组数

每一组重复练习 15 次，共计 3 组。

（5）注意事项

双腿和双脚保持稳定不动，动作克制而流畅，避免上肢动作过猛。

5.两膝夹实心球两头起

（1）部位

腹直肌、腹横肌、阔筋膜张肌、股中间肌、股外侧肌。

（2）作用

两膝夹实心球两头起是在原两头起动作基础上的加强版，能够更好地刺激核心肌肉群，增加脊柱的活动度。

（3）方法

大学生仰卧于垫子上，双手抱头，膝关节弯曲夹实心球。两头起，肘关节尽量触及膝盖。

（4）组数

每组练习 15 次，共计 3 组。

（5）注意事项

膝盖夹紧实心球，起来快放下慢。

四、核心力量训练分类

（一）瑞士球前推

瑞士球前推是用瑞士球练习核心力量的入门动作，可分为跪姿和立姿两种。

（二）瑞士球仰卧起坐

两脚踩实地面，两手抱头，做仰卧起坐或转体。

（三）俯卧收腿

并腿成俯卧姿势，小腿前面放于瑞士球上，做向前收腿动作。也可以直腿做左右摆动，以增加难度。

（四）仰卧收腿（背桥）

并腿成仰卧姿势，T字形支撑，小腿后面放于瑞士球上，做收腿成"背桥"动作，反复进行。

（五）负重俄罗斯转体

仰卧于瑞士球上，双手拿杠铃片做左右转体动作，注意控制不要转髋。

（六）平衡球转体收腹

仰卧于平衡球上，转体收腹，使异侧肘关节、膝关节碰触，左右交替进行。

（七）腹肌轮练习

先站立姿势，收腹用两手握住腹肌轮把手，做前推成俯卧撑姿势，然后收腹将腹肌轮拉回脚的方向。两脚可取宽、窄两种方式，可以采取跪姿以降低难度。

腹肌轮练习亦可采取仰卧位成T字形，双脚置于腹肌轮踏板上，挺髋收腿，将腹肌轮拉向肩部，成"背桥"动作，反复进行。

第二节　核心稳定性与核心力量的发展探索

核心稳定性与核心力量训练于20世纪90年代引入我国。在了解该理论以后，很多专家、学者、教师便高度重视起来，并逐渐将其运用到很多运动项目（如球类、田径等）的体能训练中，为提高大学生的运动成绩打下了坚实的基础。多年来的大量实践还证明，核心稳定性与核心力量训练对于以身体素质提升、加强肌体紧致为锻炼目的的一般人群也有积极的辅助作用。

一、核心的范围

在内涵、应用领域，核心力量与核心稳定性都存在本质的不同。在运动训练领域，核心力量主要强调肌肉达到特定速度的能力以及产生爆发力的能力；核心稳定性主要强调运动的基础是人体的稳定状态，肌肉所产生的能量要达到最佳的支撑状态。因此，在开展核心训练前，必须清楚地知道训练的领域（康复领域或竞技运动领域），还要清楚是训练核心稳定性还是训练核心力量，这样才能取得较好的训练效果。

二、对核心肌肉的界定

要正确界定核心肌肉，就要在考虑身体表层大块肌肉群的前提下，将深层次的小肌群纳入考虑范围。

实际上，处于人体核心部位的骨头主要包括股骨、髋骨、胸廓骨（包括胸骨和肋）、脊柱（包括颈椎、胸椎、腰椎、骶骨和尾骨）。一块尾骨、一块骶骨、两块髋骨以及连接它们的关节、韧带和软骨，共同构成了骨盆。因为这些骨正处于人体的中轴部位，在身体运动过程中起着稳固支撑的作用，所以，把附着在它们上面的肌群（包括起始点在这些骨上）都称为核心肌群。

三、核心训练的作用

核心训练的作用包括以下几个方面。

一是更好地向四肢传递核心部位的力量。人体的每个环节在运动时都是运动链中的一个环节，它们能对能量与力的传输产生较大影响。尤其是有强大肌肉群的人体核心部位，在传输能量与力的链条中起到了核心作用。如果通过训练能增强核心力量，就能使四肢更好地协调运动。例如，下肢与上肢协调用力完成的短跑运动，离不开对力的传输起到承上启下作用的核心部位。

二是支持运动技术更好发展。某些田径项目（标枪、跨栏等）和众多水上竞技项目（赛艇、游泳等）既要求大学生具有较高的体能素质，又要求大学生具有良好的专项技术。实际上，良好的专项技术是制约运动成绩的关键因素，而能否改善、提高核心稳定力量决定了大学生能否形成与提高专项技术，二者密切联系。

三是增强核心部位的稳定性。核心稳定性是指在运动中控制骨盆和躯干部位肌肉的稳定姿态，为上下肢运动创造支点，并协调上下肢用力，使力量的产生、传递和控制达到最佳状态。核心稳定性训练能增强人体运动时的控制力与稳定性，营造有利于身体更好发力的条件。实际上，核心力量的训练非常注重训练深层次小肌群。

四是预防运动中的损伤。通常来说，训练核心力量的初始阶段，人们普遍使用等长训练法，它是发展最大肌肉力量的常用方法，其优点是肌肉能够承受运动负荷量较大。使用这种方法练习，能够增大神经细胞对血管的压力，对肌肉的氧气与血液供应能够产生较大影响，进而提高肌肉无氧代谢能力，增生肌肉毛细血管，增加肌红蛋白含量等，而且能对肌膜的增厚、抗张强度的增强产生积极的影响。核心力量训练非常注重对深部小肌群的训练，这在一定程度上避免了传统训练因忽视对深部肌群力量的训练而容易受伤的缺陷。

第三节　大学生功能性动作素质训练

一、功能性训练的起源与发展

功能性训练在体育领域的发展起源于 20 世纪末期。功能性训练这一全新的训练方法和理念不断冲击着传统训练的观点，并得到广泛的关注。功能性训练作为一种新兴的训练方法体系，注重高质量的正确动作模式训练，强调核心区的稳定性和身体控制下的动态平衡性，符合生物力学特征的多关节、多平面进行的训练方式。所有功能性训练形式都包含运动链和运动三维平面中的加速、稳定和减速的动作，突出功能性训练的生物力学要素。

功能性训练就是有目的的训练，是一种与专项训练不同的训练。其实质是为了克服一般和专项训练中性质相对单一的负荷效果的不足而带来的隐患所采用的动作设计体系。功能性训练重在提高训练手段的个体化、专项化，缩小训练和比赛的差距，有利于大学生达到最佳竞技状态。

二、功能性训练内容体系

世界竞技运动训练在体育职业化和市场化的影响下，赛事密度、对抗程度大幅度增加，进一步强化理论的变革和实践创新成为现代竞技体育训练的主旋律。功能性训练强调训练的针对性和实战性，注重多维性和动态性的训练。功能性训练认为竞技就是动作，强调动作是身体运动的基石，注重机体的系统化功能；它的训练是基于对机体基本功能性动作测试与评价的基础，利用专项性的动作进行针对性的训练，降低运动过程中存在的风险以及提高大学生运动水平和完成动作的效率。功能性训练由七大部分组成，包括躯干支柱力量训练、动作准备训练、快速伸缩复合训练、动作技能训练、力量与爆发力训练、软组织再生训练、拉伸训练。

三、功能性训练的特点

（一）重视体能诊断与评估

有针对性的训练是功能性训练的要求之一，诊断与评估是功能性训练的起点。传统的专项训练与力量训练累积对膝关节的刺激很大，一方面会造成膝关节前部（股四头肌）力量强，受负荷刺激多；而另一方面关节内侧、外侧、后侧相对薄弱，容易使膝关节部位发生"代偿性"动作，增加膝关节受伤、变形的风险，就需要针对性地加强训练，使膝关节四周的力量都得到加强，提高关节的稳定性。

（二）重视平衡能力和本体感觉训练

身体平衡能力和本体感觉对大学生运动能力有很大的影响作用，不仅体操、跳水等类项目是如此，球类、体能类项目也是如此，利于感知身体的位置，保持平衡，提高精细动作能力。但一般训练和专项训练对平衡和本体感觉的重视不够，而功能性训练通过非平衡条件下的各种动作练习，促进了平衡能力和本体感觉的提高。

（三）重视矫正性的无伤化训练

功能性训练注重对身体形态、不均衡部位的矫正、调整，重视在没有疼痛的情况下进行各种训练。一旦有痛点出现，除非因为技术因素，则说明存在某种问题，需要进行专门的矫正性训练。即便康复训练也需要在无痛的情况下进行康复练习，以免起到负作用，加重伤情。

（四）重视功能柔韧性训练

功能柔韧性是指与某关节作用相反的肌肉群都得到积极的拉伸练习，利于在随后的训练或比赛中做出理想的表现，使主动肌快速收缩，被动肌快速放松。传统的拉伸可以分为静力性、动力性、摆动性拉伸。

（五）重视与专项性技术动作的衔接

功能性训练是体能训练体系的重要一环，其本身并不是目的。功能性训练是为了提高专项练习的效率，要充分考虑专项技术动作的要求，在一般体能和专项体能之间架起桥梁，提高体能训练的专项性。在运动水平逐渐提高的过程中，训练、比赛负荷逐渐接近极限，大强度地完成专项技术动作对身体各部位、环节、系统乃至心理带来极大的刺激，需要有强大的身体功能能力作为储备和支撑，为训练负荷（强度、持续时间、频率）符合专项的需要（耐力、力量）打好基础，提高训练的目的性、系统性。

（六）重视层次化的训练设计

人的功能性动作能力是一个由低到高的发展过程，如同发育过程中从爬行、直立到行走、奔跑的顺序，不能跳跃式提高，有必然的规律和层次之分，大学生需要打好基本动作基础。功能性训练动作多样，负荷多样，因此要精心设计，形成由低到高、由简单到复杂的动作体系，不断提高功能性动作的能力储备。

四、躯干支柱力量训练

为了尽可能降低大学生的损伤风险，针对常见运动损伤的原因，很多体能教师对预康复训练进行了进一步改良，以减少常见的肩部劳损、脊柱腰段劳损和髋关节运动功能异常导致的下肢关节劳损等运动损伤。由于这种简化版的预康复练习主要针对躯干部位的肩关节、脊柱腰段各关节、髋关节进行练习，因此，又被称为"躯干支柱力量"。后来一些专家在躯干支柱力量训练的基础上，对常见的运动损伤预防练习进行进一步的整理，并总结出原因：肌肉力量下降，关节稳定性降低，由此引发了相邻关节动作代偿现象。这不仅深化了躯干支柱力量训练的理论基础，还丰富了肩部、脊柱腰段和髋部的功能性训练方法和手段。

躯干支柱力量训练是通过激活关节弱侧肌肉，进而改善关节异常位置，纠正全身骨性排列循序，最终实现长期保持良好动态、静态肌张力，改善身体姿势的目的。良好的身体姿势和正确的关节位置还可以为相邻关节肌肉用力提供稳定的支点，有利于提高上下肢通过躯干传递能量的效率。

躯干支柱力量训练具体可分为三个部分：肩部训练、脊柱腰段训练、髋部训练。每个部位可以根据不同身体姿势对动作模式进行划分，如卧姿动作、跪姿动作、立姿动作等；每个动作根据对身体稳定性的要求高低可分为四点支撑、两点支撑和高难度单点支撑等。

（一）肩部力量训练

肩部力量训练的基本动作模式共有 I、T、Y、W、L 字形五种，在此基础上还有两两搭配的组合动作。根据身体姿态和稳定性的不同，上述动作分为三个难度等级。其中全支撑—俯卧姿势为最初级难度动作，也称为基础动作模式；站姿为中等级别难度动作模式；瑞士球支撑练习为高级别难度动作模式。

（二）脊柱腰段力量训练

根据肌肉用力方式的不同，将脊柱腰段力量训练分为静力性练习和动力性练习两类，如四点支撑类动作全是静力性动作。大学生可通过静力等长收缩练习，有效激活身体一侧动力链上的肌群，并提高神经—肌肉连接的兴奋性，达到提高身体姿态和关节稳定性的目的，为即将开始的动态练习建立稳定的基础。静力性练习是人体进行动态练习的基础，因此，建议大学生在动力性练习之前先进行静力性练习。而三点支撑和两点支撑中的部分动作既可以采用静力性练习，也可以采用动力性练习。

（三）髋部力量训练

髋部力量训练的目的以激活髋关节周围臀大肌，内旋髋、外旋髋关节肌群为主，其动作类型主要为髋关节的屈伸、内收和外展动作。其中仰卧练习主要以激活臀大肌为主；侧卧练习以激活髋关节内旋、外旋肌群为主；跪姿练习是在侧卧练习基础上加入脊柱腰段稳定性练习，并且在激活多裂肌及竖直肌的前提下，激活髋关节内旋、外旋、伸髋肌群。因此，可以把跪姿练习看成髋部力量训练的高级练习。

五、动作准备训练

动作准备训练是一种适应大学生日常训练和比赛要求而设计的一套系统训练方法、在针对性、个性化等方面有突出的特点。它有热身的性质，但又与传统的准备活动有很大的不同。从功能性训练理论来讲，动作准备训练是一种精心安排的训练模式，也可以成为独立的系统训练构件。动作准备有明确的目的性，既可以用来预防运动损伤，又可以作为重要的训练手段以提高大学生的综合运动能力。

动作准备训练是在诊断、了解大学生基本运动能力的基础上，结合训练课和专项的需要而进行的专门设计的系列活动。在设计时需要考虑的方面包括：与大学生现阶段的基本运动能力相适应，难度适中。与本次训练课的内容和目的相吻合，目的性强。重视建立动作模式和对中枢神经系统的刺激作用。突出针对性和个体性，针对某种需要和个人需求。因此，动作准备练习利于建立和强化正确的动作模式，有效伸展各环节肌肉。

（一）臀部激活（迷你带）训练

臀部肌肉位于髋关节后部，是人体中体积最大的单块肌肉，蕴含很大的力量，由于处于核心位置，在身体重心附近，臀部肌肉成为连接下肢和躯干、上肢的枢纽，在维持脊柱稳定性方面具有基础性作用。但在运动和训练过程中，臀部肌肉参与运动较少，动作幅度小，往往很难动员，远没有发挥应有的作用。通常下肢的多数动作都在过多地使用股四头肌和腰部肌肉，在反复的运动中，容易造成膝关节和腰背的损伤。因此，在平时的训练中，如何充分激活、动员臀部肌肉，使其主动参与各种动作，提高多关节联合工作效率，减少错误的代偿性动作成为重要的训练任务，也是动作准备练习的目的之一。

在臀部激活的动作练习中，要注意保持正确的身体姿势，通过专门的器材（迷你带）给下肢适当的阻力，突出髋关节特别是臀后部肌肉的运动，以充分激活臀部肌肉，使其在动作过程中发挥主要的作用。

（二）神经系统激活训练

神经系统激活训练可以很好地提高大学生神经系统的专注度和参与度，加快大脑的反应速度，提高中枢神经系统的兴奋性。中枢神经系统兴奋性的提高能够增强运动中枢间的相互协调，使机体在神经系统的控制下，协调、有序、准确地完成动作，为训练和正式比赛做好准备。

进行神经系统激活训练时，一般以运动基本姿势为起始动作，进行快速反应和快速移动练习，力求在最短的时间内完成尽可能多的动作，或者根据口令进行相应动作的练习。这里需要注意的是，针对神经激活的练习并没有标准化的范式，只要能使大学生的神经起到兴奋作用都可以进行练习，如发展灵敏素质的绳梯练习就很有效果。

（三）动态拉伸

动态拉伸是以动态的方式进行，通常选择 4～8 个动作，每个动作在拉伸到最大拉伸范围内保持 1～2 秒，目的是实现对关节和肌肉的拉伸以及提高机体温度。此外，由于提前预演了各种动作，在神经肌肉中留下了痕迹，因此，也有利于减少运动中代偿现象的出现，且提高了动作质量。在动作准备练习过程中，应有顺序地对身体主要肌群进行拉伸，首先对髋部的肌群进行拉伸，其次对多关节进行拉伸。此外，也应根据不同项目、不同水平大学生及主体部分练习的内容，对相应部分进行专门性拉伸。

（四）动作技能整合训练

功能性训练是从动作的内在本质出发，注重动作模式的建立与练习以及动作质量的提高，动作技能整合训练将协调性与灵敏性密切结合，强调在身体整体动力链的参与下，在神经支配下建立各运动系统之间的联系，使身体各环节有序地组合运动，从而强化正确的动作模式。动作技能整合训练主要适用于一些基本运动能力发展较好的大学生，可以很好地提高动作的经济性和实效性，同时也可以通过"痕迹效应"为后面的主体训练做好准备，提高训练质量。

六、快速伸缩复合训练

快速伸缩复合训练是指能够使肌肉在最短时间内发挥最大力量的练习。主要通过预先拉长肌肉、反向运动、助力运动等方式，利用肌肉和肌腱的弹性势能以及牵张反射，实现更加快速有力的向心运动。快速伸缩复合训练被视为专项运动的基础，通过加快力量的速度增加爆发力；通过提高储存和释放弹性势能增强反应力量；通过增加关节和身体连接处的力量，减少能量泄露和提高力量的传递效率。快速伸缩复合训练可以通过提高这些要素来促进专项运动能力的提高。

按照身体部位的不同可将快速伸缩复合训练分为上肢训练、下肢训练和躯干训练，例如，头顶上扔药球属于上肢快速伸缩复合训练，单腿跳箱属于下肢快速伸缩复合训练，俄罗斯旋转抛接药球属于躯干的快速伸缩复合训练。在三种训练中，下肢的快速伸缩复合训练是最普遍的，几乎适合所有运动项目。

七、动作技能训练

在功能性训练体系中，动作技能是一种综合性练习，包括传统意义上的灵敏、协调性训练内容。从功能性训练理论的视角看，运动动作的熟练性和准确性是持续提高大学生竞技能力的两大基本目标，二者有紧密的联系。动作技能训练不仅重视运动项目的共性特点，也重视运动项目之间的相互差异，关注大学生的个体需求，针对性地发展大学生所需的技术效率和动作功率。

动作技能练习需要注意的事项包括：在运动过程中加强对身体位置

的有效控制。在技术正确的基础上快速完成动作，并在持续地运动中保持动作质量。强调人体运动过程中各环节加速—减速的耦合能力。注重神经支配之下肌肉离心—向心收缩的耦合能力。注意多方向、多维度的移动和动作训练，增加技能储备。

例如，根据移动方向，动作技能训练可分为纵向（前—后）、横向（左—右）、多向（旋转）等。不同运动项目的大学生有各自习惯的运动方向和运动方式，例如，田径运动的大学生习惯做向正前方加速的纵向动作技能练习，而篮球、羽毛球运动的大学生对纵向、横向、多向的步法移动都有极高的要求。这就要求在训练中，要结合专项需要进行多样化的动作技能训练。

八、力量与爆发力训练

力量是人体身体素质的一种表现形式，是人体或身体某一部位肌肉收缩和舒张克服阻力的能力，而力量训练则是通过一定次数或组数有节奏的练习达到改善单块肌肉和整体肌群的力量和形状的运动方式。爆发力是指在最短时间内人体克服阻力的能力。发展爆发力，必须增大肌肉的收缩力量和短距离工作时间。训练的初始阶段，应该以小负荷的快速运动为主，在不降低速度的前提下，逐步增大负荷，提高肌肉收缩力量。

功能性力量训练主要是指以提高大学生全身肌肉整体工作能力和效率为目的，增强脊柱力量和关节周围小肌肉群的稳定辅助作用的练习。功能性力量训练正是通过练习动作发展肌肉力量，它是在传统力量训练的基础上形成的，针对传统力量训练与专项训练的不足而进行的较为全面、系统的科学训练。

力量与爆发力训练根据不同类型可分为全身练习、上肢练习、下肢练习和旋转练习。例如，跨栏运动的大学生的过栏技术动作就是全身性动作技能练习；排球运动的大学生的扣球动作就是上肢动作技能练习；立定跳远动作的练习则属于下肢动作技能练习；网球运动的大学生向身体右前方采用开放步移动则是旋转的动作技能练习。任何运动形式都是整个身体的协调做功完成的，因此，在实际的训练过程中，在注重局部练习的同时，必须处理好整体与局部的关系。

九、软组织再生训练

随着体育职业化进程的不断加快，大学生的训练和比赛强度越来越大，在激烈的竞争中，大学生需要在高强度、快节奏的比赛间歇快速有效地恢复身体。科学有效的训练是大学生竞技能力提高的基础，充分地恢复则是大学生竞技能力持续提高的重要保障；除了恢复之外，机体组织还需要重建和再生，通过主动促进恢复取得更快更好的超量补偿，再生训练就是在这样的一个大背景下被提出来的，并且在理论研究和实践操作层面得到推广。

软组织再生训练主要是针对筋膜、肌膜、肌腱、韧带等软组织进行的按摩、激活、放松、梳理活动，以有效缓解因大强度运动或长期工作所造成的肌肉紧张、不适感和疼痛感。目前使用的再生训练工具主要有泡沫轴、按摩棒、扳机点、双球（花生）等。通常训练比较注意肌肉的放松，但对软组织的放松重视不够，而肌膜、肌腱、韧带等软组织的状态不仅直接影响肌肉的工作能力，对关节活动功能也有密切的关系。通过对软组织的放松，可以有效提高人体内组织细胞的可塑造性和关节活动幅度，同时降低组织纤维发生粘连的可能性，因长期高强度运动引起的关节僵硬也可以得到有效缓解。此外，可降低神经肌肉的兴奋性，减轻各种疼痛症状。

作为一种功能性练习，软组织再生训练既可以安排在训练之前，也可以放在训练、比赛结束后的整理活动中，这与传统的恢复练习固定安排在训练之后不同。训练前的再生练习主要起到帮助大学生激活肌肉、唤醒软组织的作用。训练后安排再生训练有助于通过整理、放松活动，梳理肌膜、筋膜，加速血液的回流，使大学生运动系统较快地恢复正常状态。

十、协调性训练

(一) 协调性影响因素

协调能力对速度、灵敏素质有很大的影响，是速度训练的重要内容。根据现有理论可知，协调能力影响因素主要有：神经过程的灵活性和可塑性；运动技能储备；身体素质发展水平；个性心理特征和运动智能等。

(二) 训练方法

对协调能力的训练方法，通常可以归纳为以下四类。

一是配合训练。两个系统、两个部位、两个肌群之间协同练习。

二是变换训练。用不同的要求做同一动作，如轻重球、左右手（腿）、前后左右跳、快慢交替等。

三是加难度训练。跑跨高低栏，球类的以少打多（加强防守），小场地对抗等。

四是非常规动作。在特殊场地运动，不习惯的身体练习，反向完成动作等，如沙地跑、跳等。

参考文献

[1]施小菊.体育微格教学[M].厦门:厦门大学出版社,2019.

[2]肖春元.大学体育篮球教学改革研究[M].哈尔滨:黑龙江教育出版社,2019.

[3]尹宁宁,刘文静,祝文钢.体育舞蹈教学理论与实践探究[M].北京:现代出版社,2019.

[4]李志伟.现代高校体育与健康教程[M].天津:天津大学出版社,2019.

[5]李广耀.让教学成为一种研究[M].苏州:苏州大学出版社,2019.

[6]岳抑波,谭晓伟.高校足球运动理论与战术技能研究[M].长春:吉林人民出版社,2019.

[7]李纲,张斌彬,李晓雷.高校户外拓展运动教学与心理拓展实践[M].郑州:黄河水利出版社,2019.

[8]王斌,李改.体育技能培训与创业指导[M].北京:科学出版社,2019.

[9]郭庆凯,秦宇阳,史友国.体育教学与体能训练[M].北京:中国纺织出版社,2019.

[10]李倩,陈堂春,姜锦.舞蹈教学研究与技能训练[M].上海:上海交通大学出版社,2019.

[11]辛娟娟.运动技能与体育教学[M].北京:九州出版社,2018.

[12]李福祥,李杰,林海.体育课堂教学设计与技能训练指导[M].北京:九州出版社,2018.

[13]李健,刘英杰,蔡传明.体育课堂教学技能理论与方法[M].厦门:厦门大学出版社,2018.

[14]葛柳,董植寿.体育舞蹈技能分析与教学研究[M].长春:吉林文史出版社,2018.

[15]雷虎义,郝秀江,霍文军.体育教学体系的优化及技能培养研究[M].北京:中国商务出版社,2018.

[16]张桃臣,刘彦.体育课堂教学技能实训教程[M].北京:北京体育大学出版社,2018.

[17]郭敏进,刘承军.多视角下的体育教学与训练技能研究[M].北京:中国戏剧出版社,2018.

[18]柴伟丽.基于教师职业发展的体育专业师范生教学技能训练探究[M].北京:中国大地出版社,2018.

[19]答英娟,包静波,王锋.体育与健康[M].北京:北京邮电大学出版社,2018.

[20]张芹,侯红璆,吕萍.全科型教师教学基本技能实训教程[M].昆明:云南大学出版社,2018.

[21]刘满.体育教学团队的科学建设与管理[M].北京:中国商业出版社,2018.

[22]曹丹.体育健康与体育教育学研究[M].天津:天津科学技术出版社,2018.

[23]谭清国,朱蓉.有效体育教学及其质量监控体系研究[M].成都:电子科技大学出版社,2018.

[24]王松,古彬.大学生体育与健康[M].武汉:华中科技大学出版社,2018.

[25]易礼舟,戴彬.大学生体育与健康[M].重庆:重庆大学出版社,2018.

[26]邵林海.地方高校体育教师专业发展研究[M].北京:冶金工业出版社,2018.

[27]冯涛.足球教学设计与训练实践研究[M].长春:吉林大学出版社,2018.

[28]翟雪曼,徐世贵.有效教学与名师优化课堂设计[M].天津:天津教育出版社,2018.

[29]王向宏.体能训练理论与方法[M].北京:北京航空航天大学出版社,2019.

[30]吕万刚,陈小平,袁龙.体能训练理论与方法[M].北京:高等教育出版社,2020.

[31]赵焕彬.体能训练理论与方法[M].北京:高等教育出版社,2020.